Gretha von Jeinsen

Silhouetten

eigenwillige Betrachtungen

D1720397

U/L/B/E/R

Anmerkungen des Verlags:

Die Schreibweise des Originals wurde übernommen.

*

Mit den Bezeichnungen „mein Gebieter" und „Herr Hauptmann", ist der Schriftsteller Ernst Jünger (1895-1998) gemeint, der mit Gretha von Jeinsen (1917-1960) in erster Ehe verheiratet war.

Veröffentlicht 2005
im Wolfgang U/L/B/E/R-VERLAG, Isernhagen.
Alle Rechte an dieser Ausgabe vorbehalten.

Die Gesamtausgabe „Silhouetten" erschien 1955
im Verlag Günther Neske, Pfullingen.
Die Nachdruckgenehmigung für diese Teilausgabe
erteilte Frau Dr. Jünger.
© 1955, 2005 by Liselotte Jünger

Dieses Buch ist erhältlich beim U/L/B/E/R-Verlag
Moorstraße 15, 30916 Isernhagen,
im Buch- oder im Internet-Buchhandel.

Umschlaggestaltung und Foto: WRJ.U
Herstellung: Books on Demand GmbH, Norderstedt

www.ulberverlag.de

ISBN 3-9810126-0-7

INHALT

Das Dorf

Ich fand ein großes, spartanisch einfaches und völlig verwahrlostes Gebäude vor, in einem ebenso verwilderten, von herrlichen alten Buchen bestandenen Garten, dessen Lage mich entzückte. Was freilich die Räume anbetraf, den von den Wänden rieselnden Putz, so war vierzig Jahre hindurch nicht das geringste für sie geschehen, und nach eingehender Besichtigung sank ich auf meinen Koffer nieder in dem sicheren Gefühl, daß hier alle Arbeit vergeblich sein würde.

Luise, die brave, betrachtete mich mit gemischten Gefühlen, meine ungewöhnliche Skepsis schien sie zu überwältigen. „O Gotte", sagte sie daher: „das werden wir ja nu niemals und nich schaffen!"

Aber eben dieses Wort ließ mich tatkräftig werden und ich bestellte die Handwerker. Zwei volle Monate hindurch ergossen sich Fluten von Seifenlauge durch das Haus, es klopfte, es hämmerte in allen Zimmern, und nach endlosen Mühen erstand ein neuer und wohnlicher Bereich, in den wir nunmehr einziehen konnten. Nach wenigen Wochen schon brach der Krieg aus, und der Gebieter verließ uns am ersten Mobilmachungstage, um sich bei seinem Regiment zu stellen.

Ich will nicht von der Not der nun kommenden Jahre sprechen, noch von allen Bedrängnissen, von allem Unglück, an dem sie reich waren. Niemand von uns wird sie je vergessen können, und die wenigsten sind es, denen das Schicksal das Gewicht an Leiden ersparte, an dem gemessen die kleinen, bescheidenen Freuden jener Jahre nur winzige Oasen am Rande einer Wüste sind.

Und doch tauchen sie nach wiederum zehn Jahren, die vergangen sind, aus alten Blättern und aus dem Bewußtsein auf, diese heiteren Stunden, und sie will ich schildern, jene dörflichen Gestalten, deren Eigenwilligkeit und Gewohnheiten uns so oft ergötzten. Die Gemeinsamkeit der Erlebnisse, der Luftangriffe, denen wir ständig ausgesetzt waren, der Einquartierungen, Zwangsmaßnahmen und zuguterletzt des amerikanischen Einmarsches: sie schuf eine Vertrautheit des Umganges, wie sie nur in anarchischen Zuständen gedeihen kann. Wer sich im Bunker befindet, rückt enger zusammen; du erblickst deinen Nachbarn ohne die schützende Hülle, die ihn sonst umgibt, ohne Tarnung, er streift sie ab wie ein lästiges Kleid, und was übrig bleibt, ist der Mensch in seinem allzu menschlichen Drange. Oft verrät er nur dann, was an Größe in ihm verborgen sein mag. Und so ist es gut, wenn sich die große Familie des Dorfes zusammenfindet in Zeiten der Not, so sehr sie sich auch sonst befehden kann und der eine dem anderen nicht immer gewogen scheint.

Ein Jahrzehnt hindurch sollten wir mit ihnen leben. Freude und Trauer zogen ein in unsere Häuser. Die große Straße war erfüllt vom Gleichschritt ausziehender Kolonnen, vom Lärm der Lastwagen und Panzer, von Staub und schrillen Signalen und Liedern aus jungen Kehlen. Sie lag unter der Glut des

Sommers und im Schnee der Winternächte, im Abwehrfeuer der Flak und dem Pfeifen der Bomben, sie sah und erlebte vieles in dieser Zeit: brennende Höfe und niedertaumelnde Fallschirme, Flüchtlinge und fremde Heere, die auf ihr entlang zogen. Aber da sie alt war und schon manchen Wechsel der Zeiten überdauert hatte, so ertrug sie auch dieses. Nur als man ihre Ulmen niederschlug, veränderte sich ihr Gesicht zu steinernem Grau.

Ihr zur Seite lagen die Scheunen und roten Dächer, zogen sich niedrige Mauern, unterbrochen von Gärten und dem grauen Schieferdach der Kirche, von weiten Feldern und Weißdornhecken. Hinter ihnen beginnt das Moor, das Dickicht von Busch und trockenem Heidekraut, beginnt der weite, dunkle Saum stehenden Wassers und schwarzer Torfbraken und tiefes Schweigen.

Diese Landschaft in ihrer Ursprünglichkeit zu erfassen, fällt dem Ortsfremden schwer. Angesichts dieser weiten Ebene wird er von Melancholie überfallen und sie erscheint ihm von grausamer Nüchternheit. Nur der Alteingesessene spürt ihren Ur-Charakter, ihre Schwere, in seinem eigenen Wesen. Zum Moorboden gehört die Zähigkeit, die unberechenbare Tiefe, das Dumpfe, das Treibende; der ihm zugehörige Mensch ist der Schwerkraft der Scholle verwachsen in gutem Sinn; aber auch der Dämon der Triebkraft hält ihn am Boden. So finden wir hier kaum ein Haus, dessen Bewohner nicht den wachen, berechnenden Sinn mit dem roten Faden von allerlei Umtrieben zu verknüpfen wüßten. Der

Schnaps und die Liebe: sie sind der Teufel im Sattel. Auf höherer Stufe: eine feste, konservative Denkungsart, Treue zur Tradition, zum angestammten Fürstenhaus, Mut, Ordnungssinn, Fleiß, und dem Begriff der Pflicht ordnet sich ein jeder freiwillig unter.

Es ist ein eigener Schlag. Daher wollen wir ein wenig durch die Fenster sehen, hinter deren Vorhängen sich die Originale unseres Dorfes bewegen, denn an ihnen ist es reich. Mir scheint, sie machen das Salz zum Brote aus, und ohne diese Würze will das beste nicht schmecken.

Da ist der alte Schmiddeking, der Haus und Hof vertrank und endlich als Kirchendiener und Grabschuffler sein Brot verdiente. Immer ein wenig nach Kornschnaps riechend, verfiel er in einem gewissen Stadium des Durstes in die schlechte Gewohnheit, alles mitgehen zu heißen, was im weitesten Umkreis aufzutreiben war. Ob es nun das Holz aus des Pfarrers Garten, eine Küchenschaufel aus dem Stall, ein Sägebrett oder eine Fahnenstange war: es schien alles an magischer Anziehungskraft zu gewinnen, sobald der Alte in seinem Zick-Zack-Gang die Straße zu überschreiten begann.

Bei Stadium zwei ging er sofort zum Angriff über und sägte tragende Obstbäume ab mit der Begründung, es sei alles sein, was über die Kirchhofsmauer herüberhinge. Sozusagen war der Gottesacker sein ureigenster Bezirk, nach einem verbrieften Recht, das er mit seinem Herrgott ausgemacht hatte.

Im dritten Stadium aber, das wir kurzerhand als das des Deliriums ansprechen wollen, erstieg er die Kanzel zu nächtlicher Stunde, von zahlreichen Hicks und Hucks unterbrochen, um oben angelangt in einen Lobgesang des weiblichen Geschlechtes zu verfallen, besonders seiner Ehefrau, geborenen Bumm, denn er war ein zärtlicher Gatte. Dies ging nicht immer gut, und nach strengen Verwarnungen gelobte er Besserung bis zum nächsten Mal.

Es ging die Sage, daß seine zahlreichen Söhne und Töchter ihn nicht nur an körperlicher Größe überragten, sondern auch an Kraft, und daß er unter der letzteren oftmals zu leiden hatte, wenn er „scheep nach achtern" die häusliche Türe zu umklammern suchte.

Der alte Kracke hingegen konnte das besagte dritte Stadium nur mit dem Knüppel in der Faust hinter sich bringen, der alten niedersächsischen Grundregel getreu, dat een festen Kirl bäter is as een swachen Bock. Beides in gleicher Stärke zu vereinigen, schien ihm des Rätsels Lösung zu sein. Hatte er also den Wirtshaustisch genügend zertrümmert, und mit seinem Fuchsgesicht die einen genarrt und erbost, die anderen zur Flucht getrieben, so erhob er sich in seines Leibes Schwere von zwei Zentnern, reckte den gewaltigen Brustkasten, stieß einige unartikulierte Laute aus, die an das Grunzen der Wildeber erinnern mochten, und begab sich stehenden Fußes zu seiner Frau, um sie erstens zu liebkosen und zweitens zu verdreschen, beides in unmittelbarer Folge. Die Unglückliche, deren Furcht die Lie-

11

be überwog, pflegte Umarmung wie Prügel als das Einmaleins der Ehe hinzunehmen; nicht selten aber lief sie davon, laut schreiend, wenn die letzteren Beweise eheherrlicher Gewalt zu drastisch ausfielen, und verkroch sich in den nachbarlichen Scheunen, zitternd den Morgen erwartend. War der Rausch des Mächtigen ausgeschlafen, so schlich sie sich an den Herd, um den Erwachenden dienstfertig zu umschnurren und mit Eiern und Speck ein zweites Gewitter abzuwenden oder zu mildern. „Alte Hexe!" war dann der freundliche Morgengruß, den sie mit ergebener Miene quittierte.

Der Bäcker nun, - - je nun, der Bäcker! Wenn ihr wißt, daß die Wärme begierig macht und die Hitze des Ofens einen Kreisel zum Brummen bringen kann, so wißt ihr auch, daß ein Bäcker gewöhnlich an leiblichem Umfange reich und mit irdischen Gütern gesegnet ist, daß er zur Zufriedenheit des Gemütes neigt, außerdem aber von Skrupeln jeder Art, besonders denen der Liebe verschont bleibt. Immer wenn ich das von Mehlpuder sanft bestäubte, rundwangige Gesicht unseres Bäckers betrachtete, kam mir die goldene Regel vom guten Leben in den Sinn, wohl auch des unsterblichen Villon Satz: Nur die Lumpe sind bescheiden. Der warme Herd, die warmen Brötchen, das allein ist schon eine gute Sache; fügt man die Skatrunde am Sonnabend hinzu, die vorher geleerte Kasse des Wochenendes, das tönende Ergebnis der Bienenstiche und Streuselkuchen, der Butter- und Eierstollen, so gewinnt man nach und nach den Eindruck äußerster Behaglichkeit. Läßt man nun noch die stattliche Gestalt der Gattin aufmarschieren, mit den verschiedenen Grübchen in den Backen, dem Busen einer Spreewälderin und höchst munteren, veilchenblauen Augen, so wird es immer verständlicher, daß die Atmosphäre, die ihn umgibt, eine wohlwollend-zärtlich-erhitzte sein muß.

Davon abgesehen, liebt er den Schnaps natürlich wie jeder andere hier auch. Er befeuert die Zärtlichkeit seines Gemütes und seiner Neigungen, wenn das bei der Backofenhitze noch möglich ist. In jenen bösen Tagen, von denen ich hier spreche und sie gleichsam vorwegnehme, in denen es weder weißes Mehl noch Butter, noch überhaupt etwas gab, was dem Leben Schwung verlieh, verfiel er mit als erster auf die Kunst der Schwarzbrennerei. Keinesfalls in einer Alchimistenküche am Rande des Moores etwa, bei Kerzenbeleuchtung und ausgestellten Posten, sondern dem Optimismus seines Wesens getreu im Garten an der Straße, allwo ein jeder Einblick nehmen konnte, der da wollte.

Hier wurde in einem Kessel jenes denkwürdige Getränk gebraut, das aus Zuckerrübensaft bestand und eigentlich den Menschen eine nahrhafte und vitaminreiche Kost verhieß. Mit der Kunst des Gärungsprozesses jedoch wuchs es sich zu einem höllischen Fusel aus, der die ältesten Löwen des Dorfes umzulegen imstande war. Nie sah man so viele Leichen des Schnapses wie damals, nie hörte man die

13

verbotenen Lieder lauter singen, und nie erscholl der Ruf gegen die Tornmies, die Amis und sonstige Scherenschleifer einstimmiger, lauter, dröhnender und furchteinflößender, als in diesen Tagen und Nächten, als in diesen Jahren 1945/46/47.

Unser Bäcker hielt „die Fahne hoch", nach dem alten Welfenliede, das abzusingen er nie versäumte; irgendwie schien es ihm unmittelbarer Ausdruck der Reaktion gegen alle und alles zu sein. Das Schnapsglas in der Rechten, hielt er in seinem Garten stehend donnernde Reden an sein Volk; zwischendurch verfolgte er seine hochatmende eheliche Hälfte, wie Wilhelm Busch es auszudrücken pflegt: „ganz unvermittelt macht er kieks, darauf erhebt sich ein lautes Gequieks!"

Also beschäftigt, wollen wir ihn seinen Neigungen überlassen und zum nächsten Nachbarn gehen.

Da ist also die Tante Dortje. Ihres Zeichens das Original aller Originale, welcher Titel ihr so unumstritten und einmütig verliehen wurde, wie ihn die Wahl einer Schönheitskönigin selten zustande kommen sieht. Tante Dortje erfreut sich eines Leibesumfanges, dessen Anblick allein schon tröstend zu sein pflegt in einer Zeit, die jegliche Fülle ausschließt. Die Natur hat ihr dazu ein immer fröhliches Gemüt verliehen und die Gabe des Mutterwitzes, letzteren in denkwürdigem Ausmaß. So antwortete sie einem vorbeiradelnden Landser, der sie erblickend, munter ausrief: „Na, Mutter, wie geht's denn so?"

„Danke! Das Hös-chen kneift ein bißchen!"

Woraufhin der Landser vor Lachen beinahe vom Rade fiel.

Sie ist ein Kind des Volkes, urwüchsig in ihrer Kraft, und in ihren jungen Jahren war sie keineswegs eine Verächterin der Liebe. Der böse Leumund besagt, daß ihre erste Leidenschaft einem Herrn aus den besseren Kreisen galt, wie man hier zu sagen pflegt, der ihr Austern vorsetzte, die ihr schlecht bekömmlich waren. Sie verzehrte sie dennoch im festen Glauben, daß das zu erwartende Kind frühzeitig an die höheren Genüsse dieser Welt zu gewöhnen sei, in Anbetracht des Vaters und der Laufbahn, die es hiernach erwartete. Was indessen den Austern-liebenden Vater nicht hinderte, sich mitsamt seinen Neigungen zurückzuziehen, als der Knabe den ersten Schrei tat.

Hierauf wandte sie ihr Herz einem Feldwebel zu, der sie sonntags in das Hippodrom entführte, wo sie sogleich ein Pferd bestieg, um ihre Courage zu beweisen. Allein der elende Gaul bockte nach hinten und vorn, mit dem Resultat, daß Dortjes leichtge-schürzte Bluse nach oben und ihr Rock nach unten zu rutschen begann, und das einsetzende Geläch-ter der Zuschauer und ihres Liebsten verdarb ihr die Laune zu weiteren Späßen. Sie wurde ehrsam und heiratete, zog in unser Dorf, und hier waltet sie als selbständige Kraft, als Köchin bei Hochzeiten, Kindstaufen und Feuerwehrfesten, als Hilfe des Metzgers beim Schweineschlachten, als immer rüh-rige, tüchtige, umsichtige Stütze der verschiedenen Hausfrauen, sei es bei Frühlingsputz, Kindbetten oder sonstigen Anlässen. Ihr immer energischer Schritt wird gern vernommen, denn jeder sagt sich: nun kann nichts mehr schief gehen!

Sie spricht plattdütsch wie jeder andere auch, aber sie spricht es mit hohem, singenden Tonfall. Während sie die Betten und Teppiche klopft, liebt sie es, ihrem Humor freien Lauf zu lassen, besonders aber, wenn Persönlichkeiten von Rang, etwa der Herr Pastor oder der Herr Hauptmann in Reichweite sind. Dieser Humor treibt dann seltsame Blüten, sei es in Reimen oder lockeren Liedchen. Auch die direkte Anrede zieht sie vor, wenn sich einer der Herren ihren wohlgezielten Treffern entziehen möchte. Den Besen in der Hand, verweigert sie ihnen die Flucht: „Herr Paster, eck hewwe meck dat glieks gedacht, dat Sei schrullig sind! Dat helpet nu nix, wi müsset Sei en büschen upwerten!"

Mit Tante Dortjes Moral ist es insofern etwas windig bestellt, als sie dem Grundsatz huldigt: nach mir die Sintflut. Ein gefüllter Schrank ist ihr lieber als ein leerer, und ob nun Jimmy von der Besatzungsarmee dafür Sorge trägt oder der ehemalige Flaksoldat Heini, das ist ihr gleich: in solchem Falle erhält ihre Tochter Ausgang bis zum Wecken. Sind die Verehrer aber von der Partei der Hungerleider und Habenichtse, so entfaltet sie die ganze mütterliche Autorität und Strenge, die sich, einschließlich des gezückten Besens, v o r zehn Uhr abends bemerkbar macht.

„Der Mensch muß leben!" Diese unbestreitbare Tatsache wird von ihr als ein energischer Hinweis

16

betrachtet, das Unerreichbare erreichbar zu gestalten, wobei einige Kniffe links und rechts herum dem Ganzen nicht schaden dürften. Indessen macht ihr gefühlvolles Herz einen etwaigen Schaden auch wieder gut: sie nimmt mit der einen und gibt mit der anderen Hand.

Nicht ungern verfolgt sie das nächtliche Leben und Treiben gewisser Nachbarn und geheimnisvoller Vorgänge, denn dafür besitzt sie Auge und Ohr. Sie hört, wie man im Dorfe behauptet „die Flöhe husten". Auf diese Weise ist sie Zeugin aller Geschehnisse und ihr Wort ein gewichtiges, denn niemand möchte es mit ihr verderben. Ihre Sympathien sind so ausgesprochen, wie ihre Abneigung unwandelbar ist; der eine wie der andere wird bei ihr wie in einer Liste geführt, und es wäre sehr töricht, wollte er darauf Einfluß zu nehmen suchen. Wenn sie sagt: „Dat is so un nich anners!" so wird keiner der Nachbarn, der noch bei klarem Verstande ist, daran zweifeln. Niemand wird ein Fest veranstalten, ohne die Seele des Dorfes dazu zu bitten, denn wo sie ist, ist Leben. Sie wird noch beim Kehraus den Tisch besteigen, wenn alle Welt müde ist und den Federbetten zuzustreben gedenkt, sie wird einen Tusch blasen und mit ihren fünfzig Jahren noch einen Wiener Walzer tanzen, wenn die jungen Paare längst in den Streik getreten sind. Tante Dortje, Kind des Volkes: so warst du, und so wirst du, da du nicht mehr unter uns weilst, in die Geschichte des Dorfes eingehen.

Und ferner ist da Traudchen Wollermann, eine stattliche Endvierzigerin und dem männlichen Geschlechte sehr geneigt. Das hat immer seine Vor- und Nachteile, und wenn man die einen genießt, so muß man die anderen mit in Kauf nehmen. Dies führte ich in freundnachbarlichen Gesprächen manchmal aus, wenn sie mich um meinen Rat anging und wir in einer geheimen Kellerkammer Kaffee rösteten. Sobald sich nur ein Kratzer an der Haustüre vernehmen ließ, stürzte Traudchen mit der Röstpfanne in der Hand in das Gewölbe hinunter, während ich mit Tischtüchern die verdächtigen Rauchschwaden aus dem Fenster zu wehen mich abmühte. Hatte der Besucher eine gute Nase, so war man gezwungen, ihn zu diesem rar gewordenen Getränk einzuladen, und das taten wir ungern. Wir zogen die Einsamkeit in diesem Falle vor.

Waren alle Spuren beseitigt bis auf den Duft, der aus den Tassen aufstieg, so erklärte sie mir die ganz besonderen Vorzüge der Einquartierung, an der es im Dorfe eben nicht fehlte, und der Gipfel ward erreicht in der Gestalt eines Unteroffiziers. Er war, dies ließ sich nicht leugnen, in Traudchens Vorstellung das Muster des männlichen Prinzips überhaupt und damit ihr Idol. Nacheinander also zogen jene Idole in ihr Haus zu jeweils kurzem Standquartier; man fand sie stets am Küchentisch sitzend und damit beschäftigt, Eier und Speck zu verzehren, Schinken in Würfel zu schneiden und eine Batterie Flaschen zu leeren, eine gewiß überaus nützliche Beschäftigung. Zwischendurch floß ein Wort von Liebe ein. Die ge-

18

schäftige Hausfrau eilte hin und her, um den Durst der Kehlen zu löschen und einige weitere Pfannen aufzusetzen. Dieser unmittelbare Beweis ihrer Vaterlandsliebe und Fürsorge für die Landser rührte mich zwar sehr, doch ließ ich es an einigen Hinweisen und Warnungen nicht fehlen; denn zu heiraten war Traudchens Entschluß, aber sie schienen mir allesamt weit entfernt davon zu sein, ihn zu teilen.

Endlich erschien das Muster aller Muster: ein Feldwebel. Diese Rangerhöhung verwirrte Traudchens Gemüt. Ich wurde in aller Eile gerufen, um ihn auf Herz und Nieren zu prüfen und das Gewicht meiner Stimme in die Waage von Traudchens Schicksal zu werfen und zu entscheiden, ob dies ein ernsthafter Bewerber sei oder nicht. Unmöglich, sich dem zu entziehen! Also kam ich und sah. Der Herr Feldwebel erwies sich sogleich als ein Mann, der neben einem kraftvollen Wuchs auch über einen ebensolchen Appetit verfügte, und in der ersten halben Stunde sah ich ihn lediglich Schinken in Röllchen legen, um sie dann vermittels einer Gabel in Eiersauce einzutauchen, die wiederum mit allerlei Gurken und Gemüsen umrahmt als kleine Vorspeise für ihn dienen mochten. Das war immerhin ein verheißungsvoller Auftakt. Sodann versicherte er in einer kurzen Atempause, daß das Leben kurz sei und daß man es genießen müsse. Diese unwiderlegbare Tatsache wurde von Traudchen anerkannt, von mir dahin gedeutet, daß sie einer beabsichtigten Eheschließung hinderlich sein müsse. Der Jünger des Mars, meine Skepsis erkennend, pries nun, während er das zweite Gericht in Gestalt eines Kalbsbratens verzehrte, alle Tugenden Traudchens und verdammte alle Laster. In einer wohlgezielten Rede setzte er ihr dann beim Nachtisch auseinander, daß seine moralische Strenge berühmt und berüchtigt sei, um dann bei Kaffee und Zigaretten dazu überzugehen, ihr sanft die Wangen zu tätscheln. Hier fühlte ich mich überflüssig und entschwand. Mein schreckliches Urteil lautete, daß der Feldwebel einer der größten Filous sei, die jemals Traudchens Haus den Vorzug gegeben hätten, und höchstwahrscheinlich sei er auch noch verheiratet. Traudchen hielt mich zwar für klug und erfahren, wie sie sagte, aber in diesem Sonderfalle mit Blindheit geschlagen. Sie erstrahlte in bräutlichem Glück.

Nichts ist von Dauer, und so zog auch der Feldwebel eines Tages wieder davon, schwer bepackt mit Vorräten und von ihren Tränen begleitet. Sobald ein Brief von ihm eintraf, bewies sie mir triumphierend, daß die Liebe eine ewige sei. Dann kam ein anderer Brief, eine kurze Anfrage, ob und wie weit sie sich gleichfalls durch den Feldwebel X geschädigt fühle, der mehreren Frauen die Ehe versprochen, selber aber bereits verheiratet sei. Und es fügten sich einige Details an, die Traudchens Seelenlage in heftige Erschütterung versetzten.

„Elemente!" rief sie, tränenüberströmt, als sie mit diesem Brief in den Händen zu mir her über die Wiese eilte. Ich hing gerade Wäsche zum Trocknen auf.

„Wie? Was!"

„Elemente muß er zahlen an eine andere, dieser Schuft!" „Wenn dies Alimente sein sollten, Nachbarin, so ist das gewiß ein Donnerschlag!" Und ich tröstete sie so gut ich konnte, ich warnte sie eindringlich vor neuen Abenteuern und neuen Feldwebeln. Allein die Endvierzigerinnen, die da immer noch von Rosenhimmeln träumen, sind unbelehrbar. Nach einiger Zeit heiratete sie dennoch, sie gab ihre gut begründete Existenz auf, alsbald ihr Haus, sie erhielt nicht den Himmel dafür und auch keinerlei Rosen, sondern wurde sehr bald eine verbitterte, alte Frau. Es tat mir leid um sie, denn sie zählte zu den guten und schwachen Seelen, und ich hätte sie gern vor ihren eigenen Illusionen bewahrt. Tante Dortje indessen war der Meinung, daß Traudchen keineswegs zu helfen sei, denn „sei mott ja jümmers noch nach'm Kirl kieken, und wat dabie rutkommt, dat seiht sei jo."

So verlassen wir sie denn und gehen zum nächsten Haus, dessen breite Front in einem Garten unter Fliedergebüsch und tragenden Apfelbäumen versteckt liegt.

Hier lebt der Herr Pastor. Im allgemeinen wie im besonderen ist unsere Gemeinde geneigt, eine solche Persönlichkeit als eine zwar unbedingt notwendige, nicht immer erfreuliche, doch immerhin repräsentative Gestalt des Dorfes hinzunehmen, deren Anwesenheit den Menschen durch die Überlieferung vorgeschrieben ist. Und auf Tradition muß man halten. Von den wenigen Gemütern abgesehen, die eine echte Frömmigkeit im Geist und Sinne der Kirche vereint, besteht das Dorf, leider muß es gesagt werden, aus lauter getauften Heiden, die nur zum Gottesdienste wandern, weil es die Sitte nun einmal so verlangt. Infolgedessen liebt man keine „Schwarzröcke", wie ein Mitglied des Kirchenvorstandes sich ausdrückte, auch keine lateinisch-sprechende Besserwisser, und schon gar nicht einen allzu scharfen Beobachter im Hirtenkleid. Man würde keineswegs über gelegentlich auftretende kleine menschliche Schwächen dieser und jener Art unliebsam erstaunt sein, wenn er solche vorzuweisen hätte, im Gegenteil: man würde sie nach Kräften zu stützen suchen. Denn nichts verbindet mehr miteinander als das Bewußtsein dieser Gemeinsamkeit, und nichts kann unerträglicher dünken als ein Vorbild an Tugenden, das zu erreichen aussichtslos scheint.

Die Stelle sollte besetzt werden. Heimlich wünschte man sich daher so etwas wie einen behaglichen Sünder in das Pfarrhaus, mit genau der rechtschaffenen Außenseite, die vonnöten war, versteht sich, mit ein wenig Würde auch, aber nicht zu viel, „soon büschen kiekste-wohl" in nachbarlicher Vertrautheit, und von edler Nachsicht gegen das allzu Menschliche erfüllt, denn es war ein Dorf, das wie bereits gesagt, auf Tradition hielt. Kurzum: es wünschte sich keinen Heiligen, sondern einen jovialen, milden, zu allerlei Späßen geneigten Herrn mit flatternden Rockschößen.

Dem war nicht so.

Es erschien ein junger, höchst intelligenter, mit viel Energie ausgestatteter, höchst aktiver und keineswegs kiekstewohl sprechender Seelsorger, der mit kurzem militärischem Schritt und preußisch anmutender Korrektheit die Stätte seines Wirkens besichtigte und zu erkennen gab, daß mit Wind vor seiner Tür nichts zu machen sei.

Die Predigten des neuen Pastors erfreuten sich eines Andranges wie nie zuvor, denn die Neugierde war groß, und „hei snaket god!" und „wi wutt mol seihen, wat hei los hedd", sagten die Christen und die Heiden. An den Sonntagen also erblickte man die ältesten Zylinderhüte, frisch gebürstet, im Verein mit den schwarzen, an Alter wie Falten reichen Hosen die Landstraße entlang zur Kirche wandeln. Sieh da: auch der alte Kracke schreitet rüstig, der größte Ketzer im weitesten Umkreise, und ihm zur Seite wandelt seine Alte in Kapotthut und schwarzem Umschlagtuch. Und wie man die beiden so einträchtig miteinander zum Gottesdienst schreiten sieht, möchte man freudigen Herzens dem Himmel für die Erleuchtung eines finsteren Gemütes danken. Leider aber erweist sich diese ideale Betrachtung der Dinge als verfrüht, denn wie man hört, hat der Riese mit Donnerstimme verkündet, „dat dä Paster een bannig geschuen Duewel is", und daß es nun nur noch darauf ankomme, wer dem anderen mehr weiszumachen imstande sei.

Die Kirche ist bis auf den letzten Platz gefüllt, was seit undenklichen Zeiten nicht mehr vorgekommen ist, und der Pastor hält seine Predigt vor den weißen und den schwarzen Schafen, als seien ihm beide gleich lieb. Und natürlich fühlt sich auch kein einziger von ihnen als ein schwarzes angesprochen, denn wie sie da so sitzen, gleichen sie allesamt den Hilfsaposteln, deren Gemüt der Erbauung bedürftig ist. Es ist da zwar beim letzten Torfstechen so allerlei passiert, aber schließlich: „wir sind ja alle Menschen, un dat kann ja nu vorkommen". Und wozu auch soll man sich über die nächtliche Autofahrt zum Moor aufregen oder wundern? Wenn Piepembrink, der Händler, seine Ware noch lebend zu Markt bringen will, so muß er ja bis zum nächsten Morgen tätig sein.

Schwarzbrennen? Schwarzschlachten? Was sind das für neu erfundene Begriffe? Alles Mißgunst und Quertreiberei. Der alte Schmiddeking reicht den Klingelbeutel herum, befühlt ihn nach seiner Schwere, und murmelt: „Is wat inne!"

Die Kirche ist aus. Man ist sich einig, daß die Predigt eine ausgezeichnete war. „Der Paster sülmst: jau, dat is nu son Ding, warm wier'n, dat daut man ja nich bei ihm, awers wi wutt ma seihn, wie dat so geht!"

Einiges aus der Hausschatulle

Das eigene Haus nun ist bis zum Dachgiebel besetzt. Alle seine Bewohner hat der Krieg in bunter Folge hier hinein geweht und man nennt es darum „die Arche". Sie erwies sich in allen Stürmen der Zeit, in allen Luftangriffen, und zuguterletzt in dem immer mehr anwachsenden Flüchtlingsstrom, der sich nicht nur über die Räume, sondern auch bis zum letzten Platz in der Scheune ergoß, von fester, unerschütterlicher Art. So wenden wir uns denn dem eigentlichen Hausherrn zu, dem Chef des Ganzen, ihrem Begründer.

Das ist der Herr Hauptmann in diesem Falle. Dieser oder jener Leser wird sich an dem Titel unbedingter militaristischer Vergangenheit stoßen, ein anderer daran ergötzen. Im wesentlichen besagte er garnichts, und ich halte nur an ihm fest, weil er für das Dorf die symbolische Bedeutung einer für sie fest umrissenen Gestalt gewann, eben jener, die sie in den letzten Wirren des Krieges zu Panzersperren und Sonstigem zu führen hatte laut Befehl, aber besserer Einsicht zufolge den Grund und Boden vor völliger Vernichtung bewahrt hat. Der Hauptmann wurde auch noch so genannt, als sein Haus längst von amerikanischen Truppen besetzt war, und die Dörfler hielten mit seltener Zähigkeit an ihm fest. Vielleicht weil er im zivilen Beruf ein Dichter ist, und ihnen diese seltsame species zu außergewöhnlich erscheint, um sich in ihren Köpfen plastisch darzustellen: Ein Dichter lebt bestenfalls auf einer Insel oder in einem Schloß. Ein Hauptmann dagegen zeigt menschliche Umrisse, die jedermann wahrnehmbar sind, ob er nun Panzersperren baut oder mit den Bauern Geländeübungen veranstaltet, von denen er sie der viel dringlicheren Feldarbeit wegen gern heimschickt. Es ist einleuchtend, daß man ihm williger Gefolgschaft leistet, als einem in Wolken dahinschwebenden, völlig unverständlichen Dichter, dessen geistige Existenz von ihnen nur insofern anerkannt wird, als das Bücherschreiben ihm Geld einbringt. Also muß etwas daran sein.

Tante Dortje, die besagte, die bewußte und bereits geschilderte, besaß wohl Respekt vor der Feder des Schreibtisches, nicht aber vor der Hand die sie führte, und noch weniger vor dem Träger der Uniform. Es muß also der dörflichen Chronik noch hinzugefügt werden, daß sie, während eines Urlaubstages mit dem Aufbansen von Holz beschäftigt, ihm zurief: „Herr Hauptmann, gehen Sie aus der Schußlinie! Man kann manchmal seinem eigenen Hintern nicht trauen!"

Die Chronik meldet weiterhin, daß der Hauptmann vor Lachen das Gleichgewicht verlor und in den mühsam aufgebauten Holzstapel gefallen sei.

Nun aber sehen wir ihn bei friedlicher Arbeit im oberen Gemach, oder sich im Garten ergehen, um sich an den zahlreichen Lilien zu erquicken, worunter lilium bulbi verum besonders herrlich gedeiht. Es ist so viel über ihn und seine Arbeit, über sein Wesen und sein Aussehen geschrieben worden, daß mir

Onkel Hansens Theorie über die Primzahlen nicht so kompliziert erscheinen kann wie die Verschiedenheit, mit der man ihn betrachtet, darstellt und in sich aufnimmt. Ein jeder folgt hier seinem eigenen Drange, so scheint es, mit dem ausdrücklichen Anspruch, nicht gestört zu werden. Ich könnte hierzu bemerken:

> „Den Dichter fragt nur ein Dummer,
> wieso er, weshalb er, warum er!
> Fragt jemals ein Mensch eine Rose,
> warum - se, weshalb - se, wieso - se?"

Aber, so fällt mir auch ein: es gab bisher niemand, der sich um die Plagegeister gekümmert hätte, die ihn verfolgen, und die oftmals die Ursache „kristallinischer Eisgebilde" sind, aus deren Zone sie sich gern rasch wieder entfernen. Hinweg mit ihnen. Und besonders die weiblichen sind es mitunter, - Gott sei es geklagt - die sogenannten Gottesanbeterinnen, die nicht allein ihr Wesen und Unwesen in unser Haus zu tragen wünschen, sondern auch im Gefolge ihrer Verehrung seherische Gaben entwickeln. So entdecken sie an ihm nacheinander die grauen Schläfen und die Melancholie, wobei die letztere besonders zu Träumereien an Kaminen Anlaß bietet, und wahre Schalen an Schwermut, die abzunehmen und mit-zu-tragen sie gern erbötig sind. Es ist die für viele dieser Anbeterinnen reizvollste Seite, weil sie sogleich den unstillbaren Drang erweckt, sie durch Liebe zu heilen, und jede von ihnen ist gewiß, vom Schicksal dazu ausersehen zu sein. C'est ça. Kommt hinzu, daß er im bürgerlichsten Sinne des Wortes verheiratet ist. Schon diese Entgleisung auf seinem Lebensweg gibt zu Mitleid Anlaß, besonders, wenn man meine nicht hinwegzuleugnende Gestalt an seiner Seite zu bemerken geruht, und man tut das ungern. Sind es nun ätherische Blondinen, so pflege ich mich in solchen Momenten diskret zurückzuziehen, ohne Mitleid mit dem Opfer, das ohnehin schon genug gestraft ist, denn auch das Angebetet-werden ist oftmals anstrengend.

Sind es hingegen gewisse Wesen, die mit flackernder Beredsamkeit, heftigem Mienenspiel, Augenrollen und Naseputzen den Eintritt erzwingen, so halte ich mich sicht- und greifbar in der Nähe.

Es ist sehr merkwürdig, was Name, Autorität oder Verehrung oftmals bewirken können. Man lernt mit der Zeit, die Schäflein zu sondern, die Aufrichtigen von den Falschen zu unterscheiden, die Klugen zu schätzen und die Neugierigen zu entfernen, jene, die mit der Lupe erscheinen und mit Fernrohren davonziehen.

Es kommen die Journalisten, die Bildreporter, die jungen und die alten Leser, im Kriege die Soldaten und in der Nachkriegszeit die Angehörigen der Besatzungsmächte. Es kommen die Superklugen, die Hassenden und die Liebenden, Geniale, und leider auch solche, bei denen sich eine leichte Verwirrung kund tut, wie: „Ich komme im Auftrag des Papstes und stehe unter seinem Zeichen!"

Oder: die großen Schweigenden, die im Lehnstuhl nur Platz nehmen, um Löcher in die Luft zu starren, dabei leicht zittern, und die Frage nach dem Woher und Wohin weder vernehmen noch Antwort geben, so daß man sie zumindest zu den Seltsamen zählen muß. Zumeist hinterlassen sie dann ihre Tagebücher, die sie mit vorwurfsvollem Blick auf den Schreibtisch niederlegen, die aber niemand lesen möchte, weil gar zu viel von Schuld und Sühne und wilden Anklagen an das Leben darinnen steht.

Manche von ihnen lassen sich im Gasthof häuslich nieder, hinter dessen Theke Meister Grote seine Gläser schwingt und schwenkt, freundlich zu jeder Auskunft bereit, wenn auch die Fragen bisweilen die Art des künftigen amerikanischen Fragebogens vorausnehmen und sogar in den Schatten stellen. So kann er zwar mit gutem Gewissen die Antwort geben, daß der Hauptmann den täglichen Spaziergang zwischen zwei und vier Uhr unternehme, wenn er sich auf Urlaub befinde, allein er gerät in eine gewisse Bedrängnis, wenn er sagen soll, ob die Nasen unserer Kinder mehr der meinigen glichen oder der des Vaters, ob meine Art zu sein das Sein oder Nichtsein vorziehe, und die seinige hinwiederum das Sein bestätige oder nicht.

Dies ist die bloße Andeutung der Schattenseiten eines Dichterlebens, von den Augen der „Gattin" betrachtet, die ja zu nichts anderem berufen ist, als ihm die Scherben aus dem Weg zu räumen, für Ruhe und Arbeitsmöglichkeit zu sorgen und nötigenfalls Finanz- und Wohnungsbeamte von der Türe mit flammendem Schwert zu vertreiben, besonders die letzteren, wenn sie wieder einmal Zimmer beschlagnahmen möchten.

Da lobe ich mir den Herrn Hauptmann, denn er kann immer, ohne Anstoß zu erregen, einen kräftigen Kehrreim singen, auch wenn sich Besucher nahen, er kann mit dem merkwürdigen Zischlaut „Ssssst" das Treppengeländer hinunterrutschen, selbst wenn das seinen Jahren nicht mehr entspricht, denn man wird höchstens sagen: „Nun, für einen alten Stoßtruppführer ist er noch sehr gelenkig!" Von ihm wird nicht erwartet, daß er jeden Satz mit dem Ernst eines Nabob beginnt, und man findet es vergnüglich, wenn er den Becher mehr schwingt als da gut ist.

Es steht somit einem jeden frei, ihn auf diese oder jene Art zu betrachten, zu prüfen, zu mustern, wovon denn auch in vielen Jahrzehnten ein mehr als ausgiebiger Gebrauch gemacht worden ist, so daß sich meine bescheidene Darstellung eigentlich erübrigen müßte. Der Wahrheit die Ehre: es ist ein Kreuz, was man als „Dichtersgattin", wie man im Österreichischen zu sagen pflegt, auf sich nimmt. Es drückt mich aber weniger, weil mir die Natur eine - wie mein Gebieter behauptet - „ungemein selbständige Art des Denkens und Handelns" verliehen hat, unter der zu leiden er des öfteren vorgibt. Ich räume dies gutwillig ein.

Auf unser beiderseitiges astrologisches Tierkreiszeichen hinweisend, den Widder (in seinem Fall) und den Fisch, führe ich jedoch eines Tages aus, wie gefährlich sich in den Augen der Astrologen eine solche Verbindung bekundet: der unglückliche Fisch würde vom Widder zermahlen, aufgefressen und restlos vertilgt.

Er hörte sich das mit Interesse an.

30

„Nun", meinte er dann: „es gibt aber auch Walfische!" Und damit verlassen wir dieses Kapitel und wenden uns dem nächsten zu.

Die Urlaubstage des Herrn Hauptmann gehen leider immer wieder rasch zu Ende, und in den Zwischenzeiten bemühe ich mich, Haus und Garten wohl zu bestellen, was nicht immer leicht ist. Tante Dortje führt mir zwar manches zu, und ich lüfte nicht ungern den Deckel ihres Henkelkorbes, aber da sich die Räume mit Flüchtlingen gefüllt haben, den Freunden und Anverwandten, den Kindern und Großmüttern und somit drei Generationen, so beschäftigt mich am Abend ständig die Frage, womit weitere Lebensmittel herbeizuschaffen seien.

Es gibt da verschiedene Wege, die jedem bekannt sind, den Reichsten wie den Ärmsten; ohne Unterschied des Standes ist ein jeder, sofern er in einem Dorfe lebt, von dem Urteil des öffentlichen Wägers abhängig, eines Mannes, der alle Tiere vor dem festgesetzten Schlachttag besichtigt, sie auf ihre Rundungen hin prüft, und mit der Miene eines absoluten Kenners, je nachdem, auf die Waage hebt oder nicht.

Natürlich ist es auch, daß ein solcher Mann, mag er nun Schuster oder Meier heißen, auf Grund seiner Rechtschaffenheit die Sympathie der Gemeinde genießt, und sein Erscheinen ruft jedes Mal freudige Bewegung hervor bei groß und klein. Man läßt alles stehen und liegen und widmet sich einem nachbarlichen Gespräch, einem kleinen Kognak, einer Zigarre, man wendet sich den milderen Seiten dieses Lebens zu.

Da diese lobenswerte Sitte eine allgemeine ist, so schloß ich mich nicht davon aus. Ein Armagnac, mit Verstand getrunken, kann recht erbaulich wirken, er schärft das Sinnesvermögen und gleicht die kleinen Unstimmigkeiten aus. Es ist ein Wunder, daß ich in diesen Jahren nicht auf die Ebene des „scheep" geriet, denn nie zuvor und hernach habe ich so vielen Flaschen dieses gepriesenen Getränkes den Garaus gemacht. Auch kann ich mich kaum entsinnen, jemals so treffliche Gespräche über das Wetter, die Silberhochzeiten und Kindtaufen aller nur erreichbaren Nachbardörfer geführt zu haben, wie in dieser Zeit.

Luise, nach wie vor Betreuerin der Küche, fand diese Neigung von mir erquicklich. Nebenbei schenkte sie ihr Herz einem Flaksoldaten, der die schweren Abwehrgeschütze des Dorfes so gut zu lenken wußte wie im Zivilberuf das Metzgermesser, und er hörte auf den schönen Namen Heribert.

Heribert kam häufig, um ihr seine Liebe zu entdecken. Er erschien vor allem nach den Fliegerangriffen, oft spät in der Nacht, um sich persönlich davon zu überzeugen, daß Luise nichts geschehen war. So konnte es nicht ausbleiben, daß ich eines Tages in gewisse Betrachtungen versunken am Küchentisch stehen blieb und Luisens Profil, das sich hartnäckig von mir abwandte, ein wenig verändert fand.

Immer, wenn meine Mädchen weinten - und sie pflegen dies aus ebenso merkwürdigen wie undurchsichtigen Gründen stets am Herde zu tun, um

schluchzend den Feuerhaken durch die Gluten sto-
chern zu lassen - so geschah es, weil - -. Und immer
wenn ich dieses Bild in mich aufnahm: Tränen, Feuerhaken, Zipfel der Schürze an den Augen, so faßte
mich großes Mitleid, weil - -. Es ist ein alter Jammer
und ein altes Mitleid, und beides kehrt wieder, kehrt
ewig wieder im Laufe der Zeiten.

Luise sagte: „O Gotte, Frau Hauptmann!" denn sie
ließ es sich nicht nehmen, mich seit Kriegsausbruch
in diese erhöhte Rangordnung mit einzubeziehen,
da Tante Dortje der Ansicht war, es gehöre sich so.
Und mit Tante Dortje ließ sich nicht reden.

Ich fragte also nur gottergeben: „Wann, mein
Kind?" Und sie nannte einen recht nahen Termin.

„Luise, rufe mir Heribert!"

Heribert kam. Er kam mit der Miene aller Männer
in dieser Lage, die sich seit ebenso undenklichen
Zeiten niemals veränderten. Sie wird an Verlorenheit
höchstens noch in dem Augenblick übertroffen werden, der Schwiegermutter, Hebamme, Schwester
und Schwägerin vereint um das Lager der Wöchne-
rin sieht, während er selbst, der Nutzlose, Hilflose,
der Übeltäter und Anstifter aller Leiden, vergeblich
vor der drohenden Wolke des Matriarchates sich zu
retten sucht, die ihn verächtlich beiseite schiebt und
für das überflüssigste Möbel erklärt, das jemals Gottes Erdboden aufnahm. Und erst wenn der Säugling
seinen Schrei getan hat, wird sich seiner erinnert als
des Boten, der zum Standesamt zu eilen hat, um den
neuen Bürger anzumelden. Der Weg aller Väter ist

somit ein dornenvoller. Diese Tatsache hielt ich mir vor Augen und Heribert zugute, und bot ihm einen Armagnac an. Sodann verständigten wir uns über Luisens gute Eigenschaften und das Nützliche einer Heirat, und dieses allgemein bekannte Kapitel, das den Müttern, Vizemüttern, und selbst den Frauen, die über die Perlen ihres Hauses zu wachen haben, so sehr am Herzen zu liegen pflegt, fand seinen sinnvollen Abschluß. Das Aufgebot wurde bestellt und die Hochzeit fand statt.

Wenige Tage später ereignete sich folgendes: Ich lag noch in tiefem Morgenschlummer, als ein undefinierbares Geräusch von der Türe her mich auffahren ließ. Vorerst sah ich garnichts, denn die Verdunkelung der Fenster war luftschutzmäßig und nach Vorschrift geordnet. Alsdann nahmen meine Augen ein sich bewegendes Etwas wahr, das auf dem Boden her auf mich zuzurutschen begann, und nun vernahm ich einen mir sehr bekannten Laut, die Stimme Luisens, die in endlosen Klagetönen zu jammern anhob „Frau Hauptmann!" und immer wieder „O Gotte!" zu rufen.

Hierüber wurde ich ärgerlich, denn auf diese Art geweckt zu werden, erschien mir nicht wünschenswert. Es ergab sich indessen das drohende Bild von Heriberts Verhaftung. Er hatte bei einer Schwarzschlachtung (welch grausiges Wort!) das Messer geführt. Den Besitzer des Vier-Zentner-Schweines, dem er zur Hilfeleistung genaht war, hatte man bereits abgeführt.

Die Gesetze sind rauh. Die Sitten sind es oft noch

mehr. Luise wehklagte und prophezeite Fürchterliches. Sie sah sich bereits als Witwe und das zu
erwartende Kind als vaterlos. Ich überlegte. Zum
Durchdenken einer solch wichtigen Angelegenheit
benötigt man Ruhe, also fuhr ich die künftige Witwe an und hieß sie, ihre Klagetöne dem Schornstein
anzuvertrauen, wenn sie meine Hilfe erfahren wolle.
Sie schlich sich von dannen, das arme Kind. Gleich
darauf klingelte es.

Wenn es vor sechs Uhr morgens klingelt, so ist das
stets ein überaus schlechtes Anzeichen. Es kann sich
nur um Haussuchungen oder Verhaftungen handeln.
An mannigfachen Kummer gewöhnt, erhob ich mich
seufzend und schlüpfte in meinen Morgenrock. Die
Türe leise öffnend, vernahm ich einen tiefen Bariton
und die Frage: „Sind Sie Frau -?"

Luisens Stimme antwortete: „Jah-h" in einem hin-
gehauchten Laut, der Steine zu erweichen vermocht
hätte.

„Wo ist Ihr Mann?"

„Moment!" rief ich, und stürzte hinunter. Vier
Katzen wollten soeben die Treppe hinauf, und es ergab sich ein heilloses Durcheinander. Mein Auftritt
war dementsprechend geräuschvoll, und der Gendarm, denn um ihn handelte es sich natürlich, war
leicht verwundert. Luise stand schreckensbleich an
die Hauswand gelehnt, mit ersterbendem Blick.

Es war alles aus, verriet er mir. Das ging bei ihr
immer sehr rasch, es zeigte sich „niemals und nich"
ein hoffnungsvoller Streifen am Horizont, und dem-
zufolge ergriff ich den Gendarm am Rockzipfel und

erklärte ihm, daß diese junge Frau nicht nur schwach auf der Brust, sondern an den Nerven, den Knien, wie an jeden nur denkbaren Stellen des Leibes und der Seele sei, und zudem des Redens unkundig. Alsdann befahl ich ihr, ein solides Frühstück zu rüsten „mit allem dran" und führte den immer erstaunteren Hüter des Gesetzes in die Bibliothek.

Hier saßen wir lange und einträchtig beieinander, denn es erwies sich unsere gegenseitige Sympathie. Das fragliche Delikt besprechend, erklärte ich ihm der Wahrheit gemäß, daß kein Metzger den Ruf nach einer Notschlachtung verweigern könne, auch wenn er Flaksoldat sei. Wenn es brenne, so pflege man den Feuermelder einzuschlagen, und der erste Helfer sei willkommen. Man frage dann nicht danach, ob das Haus willkürlich angezündet, oder durch ein Versehen, ein Unglück zu brennen begann, und eben dies sei die Lage, die zu klären er gekommen sei. Dies leuchtete ihm ein.

Luise brachte das Frühstück und ich begann es mit Armagnac. Heriberts Kopf war gerettet und mit ihm die Köpfe der gesamten Batterie, die bis zum Hauptmann hinauf von dem notgeschlachteten Schwein genossen hatte, und warum sollte sie es auch nicht? Tante Dortje, die eben dazu kam, war mit von der Partie beim Morgenschoppen, und brachte durch Witz und Laune die Tafelrunde zum Lachen.

Der Winter ist hart und lang. Der Sturm heult über die Dächer, und vom Moore her dringt von den äußersten Hütten der langgezogene Klageton der Hunde. Es sind die Nächte, in denen ein klarer Sternenhimmel die vor Kälte flirrende Luft wie ein ferner Gürtel von Diamanten umschließt. Nichts hörst du dort am Saume der Wälder, der dunklen Torfwasser, die aus erstarrtem Boden das Licht des Mondes widerspiegeln. Komm ihnen nicht zu nahe! Denn diese Nächte sind es, in denen du dort versinkst, von Geisterarmen umfangen und spottenden Unken. Sog und schwarzer Grund zieht die Menschen an mit dem Hauch bitterer Einsamkeit. Er steigt und fällt wie der Nebel, er wirkt im Frühling anders als im Winter, und Sommer und Herbst lassen ihn zärtlich-müde erscheinen, verlockend fast in dem leichten Rascheln des Windes, dem Zirpen der Grillen, und den grüngoldenen Blättern, die dann auf seinem Wasser in trägen Drehungen ihre Runde ziehen.

Knirschender Schnee. Von der Bucht her sind Flugzeuge gemeldet im Anflug auf die Stadt. Stimme und Meldung aus dem Radio gleichen sich in ihrer Monotonie, man vernimmt sie im Schlafen, im Wachen, am Morgen, Mittag und Abend, das Ohr hat sich daran gewöhnt. Man weckt die Kinder, kleidet sie hastig an und trägt die Kleinsten in Pelze gehüllt in den Garten-Unterstand. Wenn man Luftschutzdienst hat, wie heute, so ergreift man die Handsirene und läuft durch das Dorf, um die Bauern zu wecken; sie schlafen fest und tief, und oft erwachen sie erst durch das rasende Feuer der Flak oder den Aufprall der Bomben.

Fernher ein Surren, gleichmäßig, so gleichmäßig wie es die Formationen sind, die bald am Himmel erscheinen werden. Es ist alles „intakt": Maschine, Zielrichtung, Abwurf. Intakt ist auch die Abwehr, die Geschütze sind längst gerichtet, das Verhalten ist luftschutzmäßig. Die kleinen Koffer stehen wie immer griffbereit. Oh, ihr armseligen Köfferchen! Was packt man in sie hinein? Ein wenig Wäsche, ein paar Bilder, den letzten Brief von Mann und Sohn. Alles andere bleibt zurück, verliert an Wert, ist toter Ballast. Nach jedem dieser Angriffe sind wir erstaunt, ihn wieder vorzufinden, und der Blick, an das Dunkel des Unterstandes gewöhnt, gleitet zögernd beim Licht der Kerze über die Wände, die Vitrinen, über eine Unzahl kleiner und törichter Dinge: die chinesischen Fläschchen darin, die Teedosen und Vasen aus blauem Email. Wie merkwürdig, daß ich dies alles einmal gesammelt habe, mit einer gewissen Leidenschaft doch wohl, daß ich in fremde Städte reise, um in einem dieser abgelegenen Altstadtwinkel diese Uhr und jenes Glas zu erwerben!

Laß fahren dahin - -

Meine Sirene heult vor dem Kammerfenster der Mohrmanns. Ich schwinge es in der Hand, dieses komische Ding, als ginge es zu einem Narrenfest. Nichts rührt sich, und so klopfe ich fest an die Scheiben: „Mohrmann! Aufwachen!"

„Jooh" tönt es verschlafen zurück.

Weiter, zum Gasthof und zur Post. Hier ist freies Feld, und der schneidende Wind treibt mich vor sich her. In zehn Minuten etwa werden sie den Stadtrand erreicht haben.

„Aufwachen! Aufwachen!"

Ein Fenster klirrt in den Angeln. „Uuse Vadder hedd seggt, dat sei hue nich koomen!"

„Na, dann slopet man wier!"

„Nää, nää, wo sind se denne, düsse Krammets-vögel?"

„Anflug auf die Stadt!" rufe ich im Zurücklaufen. „Dunnerlittchen!"

Es ist Zeit, daß ich zu meinem Bübchen komme, das nun in unserer kalten Höhle auf seinem Baumstumpf sitzt und auf mich wartet. Wo ist Atel jetzt, mein Ältester? Er wird in seiner dünnen Flakhelferuniform Dienst tun, dort oben an der Küste, übermüdet fröstelnd, und morgen früh wird der Schulunterricht wieder beginnen. Durchwachte Nacht. Fern seid ihr, fern von euren Müttern.

„Madame" sagt es neben mir, „ich morgen kommen, vous savez, Unterstand graben, tiefer graben!"

Es ist Jean, einer von den französischen Ge-fangenen. „Ja, das ist brav, Jean." Er lehnt an der Scheunenwand und betrachtet prüfend den Himmel. Längst ist das Surren zum Dröhnen angeschwollen, die ersten Zeichen flammen auf: rote und grüne Lichter, weithin verstreut in den Wolken. Rasch, nur rasch. Endlich der Garten mit seinen dicht ver-schneiten Bäumen, den tief hängenden Zweigen und dem Weg, der zum Stollen führt. Der Angriff beginnt.

Wieviele Stunden, Tage und Nächte verbringen wir in diesem Erdloch? Wir zählen sie nicht. Zum Denken bleibt wenig Zeit und auch zum Schlafen.

Die Arche verwildert ein bißchen, das macht nichts, Flure und Dielen stehen voller Koffer, lange Risse ziehen sich an den Innenwänden entlang, Fenster und Türen sind durch den Luftdruck beschädigt. Für Reparaturen fehlt das Material, aber auch das wird belanglos, und vielleicht danken wir dieser Zeit der größten Belastungen wenigstens dies Eine: den Sinn für das einfache und tröstende Licht der Lampe, die auf dem Tisch brennt, für die Wärme eines Raumes, die uns umfängt. Alles, was einmal so wesentlich erschien, zerfließt im Nichts. Wir leben nur in den Briefen unserer Nächsten und Freunde, in dem Bewußtsein, daß sie gleich uns die Schreckensnächte überstanden haben, wir leben in dem Gedanken an die Fronten, an das Schicksal von Millionen und das des einzelnen, und wir leben, wenn wir den Arm um unsere Kinder legen und sie aus der Tiefe der Erde wieder ans Licht tragen. Noch steht der Himmel rot von Bränden über den schwarzen Silhouetten der Türme, und über den Kies des Gartens sinkt ein feiner, im Ohre singender Regen von Splittern, wenn wir uns hinaustasten. Entwarnung: ein langgezogener, heller, schwingender Ton. Das bedeutet Ruhe, vielleicht nur für Stunden. Was hilft's? Man muß sie nutzen, neue Reserven schaffen.

Dann taucht an einem Nachmittag ein fremder Gast auf, dessen Physiognomie mir einige Rätsel aufgibt. Da ein jeder Zutritt zum Hause hat, der da kommen möchte, um sich nach dem Wohlergehen des abwesenden Gebieters zu erkundigen, so müßte ich in einer Zeit, die absolute Tarnung verlangt, die Diplomatin in Person sein. Ich bin es nie gewesen. Mein seltsamer Gast trinkt mit mir Tee, und das Gespräch wandert zwischen Literatur, Krieg, Politik hin und her, um dann auf den Autor und seinen möglichen Einfluß auf die Jugend, auf die Leserschaft im allgemeinen überzugehen.

„Der Umweg, den Sie nehmen, ist ein gewaltiger", sage ich endlich und biete ihm Zigaretten an. „Erzählen Sie mir, was Sie herführt, denn ich bin stets für Einfachheit und Kürze!"

„Nun denn", erwidert er, versinkt in seinem Sessel und betrachtet mich mit einer Mischung von Befriedigung und dem Interesse, das ein vollkommener und hochgezüchteter Arier etwa einem Halbblut gegenüber empfinden mag, welches sich da in freier Wildbahn und gänzlich unbefangen bewegt.

„Da Sie die Kürze lieben: es ist ein Attentat auf Hitler geplant, und für die Ausführung kommt allein Ihr Mann in Betracht!"

„Sehr interessant. Was steht zur Wahl? Ein Buschmesser, eine Handgranate, Säbel oder Pistolen?"

Er lächelt. „Um das Nähere zu besprechen, bin ich ja hergekommen!"

„Das ist recht verdienstvoll. Ich würde unbedingt den Säbel vorziehen, dies hat noch einen romantischen Zug!"

„Sie glauben nicht an den Ernst der Sache?"

„Sicherlich. Nur, wissen Sie, es handelt sich hier, wenn ich so sagen darf, um eine handwerkliche Verrichtung, und die Hand, die sie führen soll, ist die Schreibfeder gewohnt."

„Aber er ist auch Soldat!"

„Natürlich. Aber ich fürchte, er hält nichts von Attentaten!"

„Sie fürchten es?"

„Unbedingt."

„Das will besagen: das Attentat als solches würde Sie weniger erschrecken?"

„Wie Sie mich hier sehen, werden Sie nicht den Eindruck eines ängstlichen Gemütes erhalten! Im übrigen besteht unsere Weltgeschichte aus Wiederholungen, und auch die Attentate nehmen ihren Platz darin ein."

Offensichtlich bereitete ihm diese Art unserer Unterhaltung Vergnügen.

„Wird es Sie sehr erstaunen, wenn ich Ihnen sage, daß wir auch an Sie persönlich gedacht haben, vorausgesetzt, daß Ihr Mann einen solchen Auftrag ablehnen würde?"

„Sie sind sehr gütig! Mich erstaunt garnichts. Weder Sie, noch Ihr Auftrag, noch weiße Mäuse, falls Sie sie plötzlich aus Ihrer Tasche meinen Katzen zum Fraß vorwerfen sollten. Trinken Sie einen Schnaps? Gut. Und jetzt sagen Sie mir: was wollen Sie eigentlich?"

Nun begann der ernstere Teil des Themas. Er wies mir nach, daß nur ein Wechsel in der Führung den Ausgang des Krieges noch beeinflussen könne. Da er freiwillig nie erfolgen würde, so müsse man, um das Ganze zu retten, den Kopf vom Rumpfe trennen.

„Sie meinen den Kopf der Hydra!"

„Ganz gleich! Ein Anfang muß gemacht werden." Hierbei schritt er im Raume auf und ab. „Es kann nur ausgeführt werden von einem Manne, der einen guten Namen innerhalb der Armee besitzt. Sind wir uns einig hierin?"

„Das ist die Voraussetzung. Ich begreife nur nicht, warum Sie dies alles mir und nicht einem solchen Manne direkt sagen!"

Hier erhob er sein Glas und begann während der nächsten halben Stunde mir eine so ausführliche Beurteilung meiner Eigenschaften zu geben, daß er damit seine Legitimation als Spitzel eindeutig verriet.

„Die Dame, die Sie hier schildern, finde ich ausgesprochen interessant. Woher kennen Sie all diese Einzelheiten?" Nun zog er es vor, sein Glas erst einmal auf die Neige zu leeren. Ich gönnte ihm Zeit. „Das ist alles sehr spaßig, und daraufhin müssen wir noch eine der letzten Flaschen Burgunder leeren!"

„Ich zähle also zu den bevorzugten Gästen?"

„Bilden Sie sich nur das nicht ein! Aber da ich als eine zweite Charlotte Corday in die Geschichte eingehen soll, muß ich mich ein wenig vorbereiten."

Um Mitternacht saßen wir immer noch auf. Die große Katze wollte die kleine Maus in ein Loch jagen, aus dem sie keinen Ausweg mehr finden sollte. Aber die Maus sprang nicht, sie hatte Humor und blieb sitzen. Dann entwickelte sich, ich weiß nicht wie, eine gewisse Müdigkeit des Spiels bei meinem Gast. Er sagte plötzlich: „Wissen Sie, daß Sie sich mit Ihrer Offenheit in die schlimmste Situation bringen können?"

„Ach, ich finde die Heuchelei so anstrengend. Sie war nie meine starke Seite. Und ist sie nicht auch würdelos?" „Nun, gut. Was würden Sie in einem Falle tun, der Sie, - nehmen wir einmal an - vor einer Art Tribunal sehen würde?"

„Die Frage ist höchst überflüssig, denn das Urteil steht in unserer heutigen Zeit schon fest, bevor zur Verhaftung geschritten wird. Der Angeklagte hat garnicht die Zeit zu einer Erwiderung."

Um drei Uhr morgens sprachen wir über Freysler. „Für ihn", sagte ich, „müßte eigens eine Todesart erfunden werden. Es gibt kein Gottesgericht, das fürchterlich genug sein könnte, um ihn zu strafen. Aber daß es kommen wird: davon bin ich überzeugt!"

„Und Hitler selber?"

„Auch hier ist kein Attentat notwendig. Er wird in dem Blut umkommen, das er vergossen hat."

Dann zeigte ich ihm sein Zimmer. Da er um 5 Uhr das Haus verlassen wollte, um den Zug zu erreichen, stellte ich den Wecker und bereitete noch das Frühstück vor.

„Wie denn! Sie lassen mich hier, als einen Fremden, völlig unbeaufsichtigt?"

„Natürlich. Sie sind nicht nur Fremder, sondern Gast!" Unser Händedruck war beinahe freundschaftlich.

„Wenn Sie ein Spitzel sind, so gehen Sie nicht als ein solcher von hier fort!" sagte ich noch.

Ich hörte nie wieder etwas von ihm.

Gottlob kommen auch andere, freundlichere Besucher. Siehe da: auch Bogumil läßt sich sehen mit seiner jungen Frau, die mir recht gut gefällt bis auf die schweigende Anbetung, die sie ihrem Gemahl zollt, mit der sie jedes Wort von ihm als ein sakrales deuten und empfinden mag. Dies ist gewiß eine lobenswerte Eigenschaft, vor der mich lediglich meine Unzulänglichkeit bewahrt, denn trotz heftiger Selbstermahnungen bringe ich es nicht über mich, dem unvergleichlichen Geschlecht die ihm gebührende Hochachtung in dieser Form darzubringen. Bogumil indessen bekam sie sehr gut. Er entfaltete neben seinen vielen Tabakspfeifen und Rauchwolken zugleich die zarte Aura patriarchalischer Zufriedenheit, und er saß, von vielen Kissen umgeben, wie ein alter und wohlwollender Buddha in der Mitte des Sofas, gelegentlich mit dem langen Pfeifenstiel, um den sich eine urväterlich-grüne Troddel wand, auf seine Tasse weisend. Dies bedeutete kurz und schlicht, daß sie gefüllt werden müsse.

Wenn wir uns auch nicht in allem einig waren, Bogumil und ich, so fanden wir uns doch in unserer Abneigung gegen alles, was je ein Braunhemd getragen hatte und tragen würde, und hier glichen sich auch unsere Temperamente einander an. Ich behauptete, daß man an einem einfachen Händedruck den Nazi vom Nicht-Nazi unterscheiden könne, und da er mir zustimmte, so verlief „unser Gespräch, unsere Redeweise, unsere Unterhaltung" in seltener Harmonie.

Am Rande des Moores

Von den Dörflern ist es Dörrje junior, der nunmehr die Figur zu einem Stück bilden könnte, von dem schwer zu sagen ist, ob man es als eine Posse, eine Komödie oder aber als ein Trauerspiel bezeichnen sollte.

Vielleicht ist es die Zeit mit ihrer Unruhe, die solche Köpfe verwirrt, die Lockerung fest gefügter Begriffe, vielleicht auch ist er wie kein anderer hier der Triebkraft des Bodens verhaftet, dem unteren Reich der Wasser- und Schlingpflanzen, der schwarzen, zähen, brodelnden Fläche des Moores.

Er ist ein starker, grobknochiger Mann, leidenschaftlicher Jäger und im übrigen ein guter Ehemann und Vater, ein fleißiger Handwerker, der sein kleines Anwesen versorgt.

Mit dem eigenen Vater freilich steht er schlecht. Es herrscht Feindschaft zwischen ihnen, und es kommt nicht selten zu Prügeleien. Der Augenblick, in dem er an Kraft überlegen war und den Alten am Boden sah, machte ihn zum Sieger. Man hörte ihn sagen, daß er den Nagel an des Vaters Sarg einmal so tief einschlagen wolle, daß nichts ihn wieder heraus bringe. Sie führten Prozesse gegeneinander, und keiner traute dem Blick, dem Worte des anderen. Wurde heimlich ein Schwein geschlachtet, so hielt der Sohn dem Vater das Messer hin zum ersten Schnitt. Auf diese Art versicherte er sich des Schweigens. Und der Alte sah ihn wortlos an, ebenso lauernd, ein höllisches Lachen um den Mund, strich sich den Schnauzbart, und stieß die Klinge bis zum Heft in die Weichen des Tieres. Dann wandte er sich um und ging mit schweren Schritten ins Haus.

Beliebt waren beide nicht. In den Nächten treibt es den jungen in die Wälder; er kennt dort jeden Baum, jedenWeg und Schlupfwinkel und spürt den Wildschweinen nach, die seinen Acker verwüsten. Aber er geht, wie man sagen hört, auch einer anderen Fährte nach. Sie führt zu einem alten Gutshaus, das hinter einer Mauer verborgen in einer Gruppe dichter Bäume steht. Dort lebt der ehemalige Rittmeister v. X. mit seiner Frau, und man kennt sich gut. Dörrje junior erweist sich beiden sehr gefällig. Er ist oft auf dem Gutshof anzutreffen, repariert Scheunen und Ställe und gilt dort als ein besonders zuverlässiger Mann, auf dessen Ergebenheit Verlaß ist. Da er stets bescheiden auftritt, große und kleine Dienste gewissenhaft ausführt, so gewinnt er nach und nach das Zutrauen beider; nebenbei ist er findig und weiß allerlei herbeizuschaffen nicht zuletzt an Alkohol.

Da das Gut seit Jahren nicht mehr bewirtschaftet wird, weiß er auch hier Rat. Er beliefert das Haus mit Wild und gelegentlich mit Bratenstücken, die in dieser Notzeit hoch willkommen sind. Kurzum: er erweist sich als unersetzlich in seiner Art.

Das steigt ihm zu Kopf, wie sich zeigen wird. Auch der Wein, dem man zuspricht, der joviale, fast kameradschaftliche Ton des Hausherrn, verführt ihn zu Träumen und Betrachtungen, in denen er sich bereits auf einer gehobeneren Stufe sieht. Es ist eine andere Welt, die sich dort vor ihm auftut, sie lockt ihn. Der Krieg hat manches durcheinander gebracht, man muß nur um sich sehen; vielleicht, so denkt er bei sich, ist Frau v. X. auch nur eine Frau wie die anderen?

Von diesem ersten Gedanken bis zu dem Plan, den er in seinem primitiven Verstand dennoch mit großer Präzision entwirft, ist nur ein Schritt.

Nachts durchstreift er den Wald. Schweigend steht er am Rande des Holzes und blickt nach dem Licht hinüber, das aus dem Fenster des ersten Stockes dringt. Der Schnee ist hartgefroren, die Spur seiner Schritte läßt tiefe Abdrücke darin zurück an den Stellen, die durch dichtes Gebüsch führen. Er faßt nach dem unförmigen Bündel, das neben ihm liegt: es ist ein Sack, und in ihm liegt ein geschlachtetes Schaf. Der Hunger ist groß, und mit Speck fängt man Mäuse; das ist sein Gedankengang. Ein Sprung über den Graben, dort ist der Zaun, dahinter die Eiche, und wenn man sich an ihre Rinde lehnt, so sieht man in das Fenster der Küche hinein.

Der Zufall hilft ihm, denn Frau v. X. geht eben zum Wasserbecken und füllt ein Gefäß. Er klopft, und sie öffnet die Tür. Die weltmännische Sicherheit, von der Dörrje junior soeben noch träumte, verläßt ihn nun, und das Schaf ihr zu Füßen legend, sinkt er ebenfalls nieder und bricht in ein wirres und stammelndes Geständnis aus. Sie nimmt im guten Glauben an, daß er betrunken ist. Wie könnte es anders sein? Also schließt sich die Türe wieder und er stürzt davon.

Die Nacht ist lang. Hier verläuft der Bach, dort an der Hecke die Sümpfe und Lachen von Moorwasser. Er läuft und taumelt, Schweiß rinnt ihm von der Stirn, er achtet nicht auf den Weg, denn er weiß ihn im Schlafe zu gehen. Was sind das da drüben für Lichter? Narrt ihn ein Spuk, ist er verrückt? Das Dorf liegt linkerhand, und rechts, in halber Höhe tanzen Irrlichter. Zwanzig, dreißig, vierzig mögen es sein. Nein, er ist nicht betrunken. Eine Frau wie sie, - er hätte das wissen müssen. Nun ist alles aus. Aber er kann sie glauben lassen, daß er krank oder von Sinnen war. Wie denn, wenn er einen Selbstmordversuch vortäuschen würde? Das müßte sie rühren, denn sie besitzt ein gutes Herz. Zum Teufel! Die Lichter bewegen sich. Er reibt sich die Augen. Verfluchte Nacht, will sie nie zu Ende gehen? Sie kommen näher und näher und er erblickt die Umrisse eines Stalles. Jetzt begreift er: es ist der Schäfer, der dort benachbart ist, und die Lichter sind die Augen der Schafe. Jetzt, mitten im Winter? In Eis und Schnee? Er ist, so scheint es, doch verrückt geworden. Aber nun läuft er wieder, denn die Neugierde ist es, die ihn ablenkt, und er hat ein sicheres Bewußtsein, daß ihn dort ein Anderes erwartet; er spürt es plötzlich, wie er die Fährte des Wildes spürt. Hunde umbellen ihn, springen zur Tür des Stalles, laufen zurück; die wogende, drängende Masse der Schafe gerät in leichte Bewegung.

Er riecht, er wittert die Luft wie ein Tier. Dann reißt er die Türe auf. Dunkel. Ein Streichholz flammt auf: am Balken hängt der Schäfer.

So, so ist das, murmelt er. Dann wandert er zurück. Der Morgen bricht an.

Von nun an brennt er Schnaps, er braut ihn in einer alten Werkstatt, die abseits liegt, und er braut seine Pläne dazu. Sie sind so hochfliegender Art, daß er, ehe er es sich versieht, mitsamt dem Apparat in die Luft fliegt und mit Verbrennungen zweiten Grades im Krankenhaus wieder zu sich kommt. „Der Dänoom saß drin!" sagte er mir. Er hatte einmal von Dämonen gehört. Armer Dörrje! Aber die Geschichte geht weiter.

Mit dem Schnaps, so sagte er sich, macht er den Rittmeister betrunken, darauf versteht er sich. In diesem Stadium wird er ihm Frauen zuführen, junge, hübsche, leichte Frauen, wie sie hier unter den Flüchtlingen anzutreffen sind. In dem entscheidenden Augenblick aber wird er Frau v. X. benachrichtigen.

Nun, und was dann?

Sie wird kommen, sehen und verzweifeln. Sie wird die Scheidung einreichen.

Und dann?

Dieser merkwürdige Mensch ist des Glaubens, daß er sich ihr in einer solchen Situation als tröstender Liebhaber nahen kann. Armer Dörrje! Aber es kommt nicht dazu, es wird nichts aus all den hochfliegenden Plänen, denn seit jenem Abend ist ihm der Zugang zum Gutshaus verschlossen. Man ist nie zu Haus, wenn er läutet, man wünscht ihn nicht zu sehen.

Jetzt kommt Erbitterung über ihn, Haß gegen die Welt, die er eben noch zu erobern gedacht hatte. Der Verstand verläßt ihn nun völlig, er wird selbst zum Objekt seiner Rachegedanken, die ihn hin- und herzerren. Nach wie vor ist er des Nachts in den Wäldern, im Moor, und Gott weiß, was er sich dort alles zusammenspinnt und tüftelt.

Herr v. X. geht auf Reisen, die Gelegenheit scheint günstig. Abend für Abend schleicht er ihr nach, selbst wenn sie zum Friedhof geht. Wie ein Geist taucht er plötzlich hinter den Grabsteinen auf, hinter einer Hecke, hinter einem der Fensterladen am Haus. Er begleitet sie als ihr Schatten. Sie merkt es wohl, aber sie ist durchaus nicht furchtsam. Sie übersieht ihn, beachtet ihn nicht.

Endlich steigt er in der Dämmerung die wohl-bekannte Treppe hinan. Niemand begegnet ihm. Im oberen Stock vernimmt er das Tacken einer Schreibmaschine. Jetzt, wo irgendeine Entschei-dung fallen soll, über deren Art er sich nicht im Klaren ist, nimmt die Erregung gewaltsame Formen an: er zittert. Die großen Hände greifen mechanisch nach der Brusttasche, dort steckt das Messer, und er fühlt es mit Befriedigung. Nicht, daß er den Vorsatz hätte, sie umzubringen, aber sein Anblick wird sie in Furcht versetzen. Man weiß nicht, was sich alles ereignen kann, man weiß auch nicht, was alles sich erreichen läßt bei einer Frau, die sich in Todesschre-cken befindet.

Ach, Dörrje, du bist ein Mann, der zu viel Krimi-nalromane gelesen hat, denn es kommt alles anders, als du es erwartet hast.

Er klopft an, er betritt das Zimmer. Sich vom Tisch umwendend und ihn erblickend, weiten sich die Augen der Frau v. X. Sie erfaßt sofort die Situation. Er legt das Messer vor sie hin, die Hand spielt noch am Griff.

„Es ist scharf geschliffen!" sagt er. Da beginnt sie zu lachen.

Geht es noch weiter, Dörrje? Oh ja. Er hat sich ihr gegenüber so hilflos gefühlt wie ein Kind, er ist auf den Sessel am Fenster zugegangen und plötzlich schüttelt ihn das Weinen. Er beichtet ihr seine Pläne, und er nennt sich selbst einen Judas, der seinen Herrn verraten wollte. Aber sie nimmt dies alles mit unbeteiligter Miene auf, sie weist ihm zuletzt die Tür.

Wieder stürzt er davon, wie in jener Nacht.

Nun, sollte man meinen, wird er zur Vernunft zurückfinden? Durchaus nicht, denn er fühlt sich um seine Rache betrogen. Rache, wofür? Das weiß er selbst nicht.

Wieder umkreist er das Haus. Frau v. X. hatte, wie sie mir sehr viel später berichtete, einen Freund in der Nachbarschaft gebeten, sie täglich aufzusuchen, so lange ihr Mann abwesend war. „Schließlich", meinte sie, „war mir der Mann völlig unklar geworden, es konnte sich ja um einen Ausbruch von Geisteskrankheit handeln. Ich mußte also zum mindesten jemand um mich haben, dem ich diese groteske Lage entdecken konnte!"

Der Freund des Hauses geht also ständig ein und aus. Das bringt Dörrje auf die Vermutung, es müsse sich hier um einen Rivalen handeln, und nun verfällt er in rasende Eifersucht. Er erklimmt die Bäume vor ihrem Fenster, um vermittels eines Fernrohres in die Zimmer zu sehen, er ist nur noch Beobachtender und Verfolgender. Da ihm dies nichts einbringt, geht er zu Drohungen über und streut Gerüchte aus, die ihm niemand glaubt. Das Ganze endet damit, daß Herr v. X. zurückkehrt und ihm bedeutet, daß er sein Haus zu meiden habe. Jetzt endlich faßt er keine neuen Pläne mehr, er bricht zusammen, redet nur noch von Selbstmord und tritt niemand mehr unter die Augen.

Man muß ihm in dieser Zeit begegnet sein, um zu erfahren, wie sehr der niedere Dämon in einem solchen Menschen sein Wesen treiben kann. Die Veränderung war ganz augenscheinlich. Aus dem an sich besonnenen, soliden Manne tritt plötzlich ein ganz anderer hervor: ein listiger, berechnender, aber auch zugleich vulkanischer Charakter, dem nicht die Nähe hellen Feuers, sondern die dumpf-schwelende Asche, der zähe Brei des Kraterrandes vertraut ist. Alles geschieht ohne sein Wollen, ohne Überlegung. Ihn treibt etwas, das stärker ist.

Die Gestalt des Vaters wird in ihm deutlich, gegen die er Haß und Abwehr fühlt. Und doch: als ich sie beide an einem Vorfrühlingstag durch das Holz wandern sehe, schwer, wuchtig, mit weithin ausholenden Schritten, sind sie nicht nur äußerlich von gleicher Art.

Zwei Stiere sind es, die dort auf der Lichtung stehen, mit unsichtbarem Joch, das sie in eine gemeinsame Richtung führt.

April 1945

Mit den immer näherrückenden Fronten und dem Verhängnis, das über uns heraufzuziehen begann, wuchsen die Spannungen und die sichtbaren Zeichen der Erschöpfung. Monate hindurch verbrachten wir unsere Tage und Nächte mehr in dem kleinen Unterstand als in den Räumen des Hauses. Ein Ereignis jagte das andere, und inmitten aller Bedrohungen von außen her, der Sorge für die Kinder, der Jagd nach Lebensmitteln, der sich immer steigernden Angst um das Leben der Nächsten, verblieb uns kaum Zeit für uns selber, und das war gut so. Die Luftangriffe, zumeist in der Frühe beginnend, um mit wenigen Pausen bis zum nächstfolgenden Morgen anzudauern, gewöhnten uns an die Gefahr; wir achteten kaum noch darauf, die Müdigkeit ließ uns gleichgültig werden, das Heulen der Bomben war dem Ohr ein längst vertrauter Laut. Mechanisch fast trugen wir die Koffer und Betten hinein und hinaus, ein Kind auf dem Arm, Mäntel und Decken auf dem anderen. Wir schliefen in voller Kleidung, wie wir gingen und standen. Der Garten lag verwildert. Wenn eines der angreifenden Flugzeuge abstürzte, so verfolgten wir von unserer Höhle aus die Bahn, indem wir berechneten, auf welchem Acker es wohl niedergehen mochte, und wir zogen den Kopf ein, als ob uns dies helfen könnte seinen weithin brennenden Trümmern zu entgehen. Es hatten sich viele Frauen in die Arche geflüchtet, und obgleich sie alle verschieden waren, so blieb diese Reaktion doch die gleiche. Das Leben stand nicht mehr sehr hoch im Kurse, und auch daran gewöhnte man sich. Wir kannten nur ein Bedürfnis: den Schlaf. Da wir ihn nur noch in den wenigsten Stunden genießen konnten, so blieb eine Art der Wachheit, wie man sie nach der Einnahme gewisser Drogen verspüren mag, ein Zustand zwischen Trance und Wahrnehmung; die Schwere verließ uns, „und große Erregungen drangen nicht mehr in das Bewußtsein ein.

Auf dieser äußersten Grenze der Anspannung bewegten wir uns vom Beginn des Januar bis zum frühen Sommer 1945. Dann erst, nachdem der letzte englische Quartiergast das Haus verließ, stellten sich Krankheit und Erschöpfungszustände ein, die ihre natürliche Folge bildeten. Bis dahin aber hieß es wach sein, unentwegt auf dem Posten, den wir Frauen in jedem nur denkbaren Sinne ausfüllen mußten.

Der Gebieter war inzwischen heil und unversehrt eingetroffen und wurde sogleich zum Volkssturmführer ernannt, eine Ehre, die er keineswegs schätzte, und mit wenig Behagen sah er die einzelnen Unter- und Sonderführer bei sich ein- und ausgehen, die stets mit donnerndem „Heil Hitler" die Treppe zu ihm hinanstiegen. Dem einen von ihnen begegnete ich auf meine Art, indem ich langsam auf ihn zuschritt bis auf Reichweite und diesen Gruß mit einem „Grüß Gott" erwiderte, das ihn unwillig zusammenfahren ließ; einen Augenblick verharrten wir so wie zwei sich prüfende Gegner, dann gab er mir mit einem leichten Achselzucken den Weg frei.

Und dennoch waren auch in diese Zeit der Belastungen, der Hochspannung und der völligen Ausnutzung aller Kräfte, die kleinen Oasen mit eingeschlossen; sie bildeten in allem Grau ein helles Grün, wie es aus der Ödigkeit weiter Flächen aufsteigen mag, um uns zu erfrischen.

Die Amerikaner hatten die Weser überschritten. Es schien mir an der Zeit zu sein, die riesigen Bestände an Wein, die ein hannoverscher Kaufmann in unserem Keller ausgelagert hatte, in Sicherheit zu bringen, um den einziehenden Truppen keine Gelegenheit zu Freudenfesten zu geben. Der Gebieter freilich war anderer Ansicht; er sprach von disziplinierten Verbänden, dem Unterschied von Banden und Armee, Säufern und Trinkern, und dies alles hätte mir einleuchten müssen, da ich keinerlei Erfahrung mit dem Gegner besaß. Dafür besaß ich ein instinktives Gefühl für Möglichkeiten und wanderte zum Bürgermeister. Ihm entwickelte ich meine Befürchtungen, indem ich ihm schilderte, welche Auswirkung nach meiner Vorstellung eintausend und mehr Flaschen betäubenden Inhaltes haben müssen. Dies verursachte ihm sogleich ein sorgenvolles Runzeln der Stirne. Es wurde demnach beschlossen, bei sinkender Nacht die fraglichen Kisten durch ein Pferdegespann abzuholen, sie auf die verschiedenen Höfe zu verteilen und auf den Äckern einzugraben. Dies alles, ohne die Polen zu alarmieren, die in Erwartung ihrer Bundesgenossen den Kopf bereits um einige Zoll höher trugen und ihre Augen an jedem Fensterschlitz offen hielten.

Mitternacht. Leise, leise, zog das Fuhrwerk über den Kies der Einfahrt, und der alte, sehr bedächtige, sehr behäbige Papa Wohler schwang sich sachte vom Bock. Ihm folgten mehrere Gestalten des Dorfes nach und schlichen an mir vorbei dem Keller zu. Ein emsiges Treiben begann: nacheinander wurden die schweren Kisten gestemmt und auf den Schultern nach oben getragen. Schweißtropfen perlten von allen Gesichtern, und nach der zehnten Last wurde einmütig der Ruf nach Stärkung hörbar. Über einer Cognak-Kiste, an deren seitlichen Nägeln das Hosenbein Papa Wohlers aufgeschlitzt war, brach man in gewisse Verwünschungen aus. „Aalens Schiet!" sagte er, ließ sich auf ihr nieder und erging sich in Betrachtungen über den Ernst der Lage. Der Optimismus des Bäckers hingegen war nicht so leicht zu erschüttern, er sah „dä Amis, düsse Kirls, noch alle inne Weser versoopen."

Nie zuvor hatte ich eine so seltsame Runde zu nächtlicher Stunde vereint gesehen, wie diese. Die Ungewißheit über die nächsten Tage und damit das Bestehen des Dorfes, das immerhin von schweren Batterien besetzt war, deren Bemannung sich entschlossen zeigte, bis zum letzten Schuß zu feuern, ließ eine Stimmung aufkommen, die zwischen Angst vor dem Untergang und der Hoffnung auf ein Davonkommen hin und her schwang. Die verschiedenen Meinungen, die politischen und militärischen Urteile, Betrachtungen über das Lager von 80 000

Russen, das nunmehr aufgelöst und nach unserer Richtung hin in Marsch gesetzt werden sollte: dies alles wurde mit Leidenschaft erörtert oder mit stoischer Ruhe erwogen, je nach der Natur des einzelnen. Es stieg und sank wie bei Ebbe und Flut. In ihren kurzen Joppen, mit ihren faltigen, von Wetter und Arbeit gebräunten Gesichtern scharten sie sich um ihren Volkssturmführer und Hauptmann, der seinerseits auf einem Apfelbörte saß und durchaus nichts von niedergebrannten Höfen und panischem Schrecken wissen wollte, eine Ansicht, die ihren Widerhall fand. Im wesentlichen zeigte man sich nach langem hin und her geneigt, dem, was da kommen mußte, mit Entschlossenheit zu begegnen und sich den Kopf nicht verwirren zu lassen. Immerhin, so meinte man, wären angesichts dieser Lage und dieser Kisten dazu, deren Zentnergewichte die Schultern arg bedrückten, einige Cognak-Flaschen nicht unangebracht, und so lief ich nach einem Stemmeisen in die Küche, nicht ohne einen Blick nach dem Himmel draußen zu werfen und die letzte Radiomeldung zu befragen, ob, neue Geschwader im Anzug seien.

Sehr bald schon nahmen die Stimmen im Keller eine andere und fröhlichere Färbung an. Im Verlaufe von zwei Stunden war der größte Teil der Kisten abgefahren. Die vielen Bewohner der Arche zeigten sich nun am Fuße der Treppe, angezogen durch die Macht des Gesangs. Denn nach dem Öffnen der siebenten Flasche bot man uns von unten her ein abwechslungsreiches Programm, angefangen bei den lustigen Hannoveranern bis zum welfischen Krönungsmarsch. Ich dachte an die Polen und die sehr unerwünschte Aufmerksamkeit, die so viele Sänger erregen konnten, allein hier war nichts zu machen; zudem soll man die Niedersachsen niemals aufzuhalten versuchen, wenn sie einmal in Fluß geraten sind, es ist eine aussichtslose Sache. Sobald ein welfisches Lied ertönt, ist dies ein Zeichen, daß ganze Regimenter in ihren Köpfen zu marschieren beginnen, der Herzog voran, unter dessen Banner die Einigkeit eine absolute wird. Sie schlagen ihn und sich heraus, und manches liebe Mal schlagen sie auch noch weiter, und man hat seine liebe Not sich da noch zurechtzufinden.

Es bemächtigte sich der Runde eine Art des einheimischen Patriotismus, der eine Gemeinsamkeit zu fördern schien, die sonst durchaus nicht immer zutage trat, und der anrückenden Amerikaner gedachte man mir, bösen Worten. Besonders der Bäcker war es, der mit feurigen Gesten und Reden die Versammlung unterhielt und des öfteren zur Flasche griff.

Endlich war alles verteilt worden. Nacheinander begab man sich in die obere Etage, denn keineswegs wollte man sich in diesem Stadium voneinander trennen. Wenn ich meine Mannen so überblickte, die sich an dem runden Tisch eingefunden hatten, so war ich, das muß ich gestehen, düsterer Ahnungen voll. Es schien mir sehr notwendig zu sein, den Cognak-Hahn zu schließen, aber davon konnte natürlich keine Rede sein. Es wurden die verschiedensten Parolen ausgegeben, widerrufen und aufs neue bestätigt. Es ging immer hitziger und lärmender zu, und das Zimmer füllte sich mit immer dröhnenderen Gesängen. Der Gebieter verließ es als erster, nicht sehr festen Schrittes. Als zweiter stand Papa Wohler auf, und es blieb mir nichts anderes übrig als ihn die Treppe hinab zu begleiten, wenn ich vermeiden wollte, daß er sie von unten ansah.

Dies nun erwies sich als ein Wagnis, denn ihn schien der Geleitzug des Matriarchates in seiner Würde zu kränken. Er bewegte die Arme heftig wie ein Schwimmer, der sich in den Tiefseen auskennt, und auch die Beine wußte er zu dirigieren. Leider mit dem nicht gewünschten Erfolg, daß sie sich in das hölzerne Geländer verrankten wie Efeu um einen Sprossen, während der Oberkörper in unnachahmlichen Schwingungen zu einer Kurve anzusetzen schien. Es gelang mir, ihn mit Aufbietung aller Kräfte waagerecht dem Geländer anzuvertrauen, und ihn also ausbalancierend hinunterrutschen zu lassen. Ein Kunststück, das ihm sicher vor sechzig Jahren zum letzten Male geglückt war.

In der offenen Türe, dem Treppenabsatz gegenüber, standen die verschiedenen Kinder der Freunde des Hauses in ihren Nachthemden, durch den Lärm herbeigelockt. Kein Wunder, daß sie die Rutschpartie Papa Wohlers für eine Gratisvorstellung ansahen, der sie lauten Beifall zollten. Er machte sich davon, brummend wie ein Bär.

Nach ihm, es dauerte nicht lange, verabschiedete sich der Bürgermeister, eine Cognakflasche fest unter den Arm gepreßt, aber noch fand er den Weg allein, wie er meinte. Das Klirren von Scherben jedoch verriet uns, daß er die Hausecke zu kurz genommen hatte, und so sah er das edle Getränk im Wiesengelände verrinnen.

„Au, fein!" rief der kleine Peter, „jetzt kommt wieder einer!" Wahrhaftig suchte der nächste mit meiner Unterstützung die Treppe zu überwinden, die sich immer mehr als ein Hemmnis von ungeahntem Ausmaß erwies. Nun schon in der Übung, brauchte ich ihm nur zu einer sanften Anlehnung zu verhelfen, um mit Genugtuung zu sehen, daß er den gleichen Weg wie Papa Wohler nahm.

Zu den Unentwegten indessen, die beschlossen hatten dem Einmarsch amerikanischer Panzer hier wie von der Höhe eines Kommandoturmes entgegen zu sehen und weder ihm noch weiteren Flaschen zu weichen, gehörten natürlich der Bäcker, der Gastwirt Grote und Petersen. Mit diesem Triumvirat umgeben, sah ich den Morgen durch die Fenster einziehen. Durch heilige Eide wurde die Gemeinschaft des Dorfes, die Treue zu den Welfen und zum Herzog immer wieder beschworen und bekräftigt. Darüber hinaus versicherte der Bäcker, es sei ihm mein Anti-Nationalsozialismus zwar immer beunruhigend erschienen, allein, es möge kommen was da wolle, ich würde dennoch Schutz bei ihm finden. Grote, zart besaitet wie immer, entschloß sich hingegen, mir einen Schinken anzubieten, wenn auch keinen ganzen, so doch ein Teilstück. Petersen, sehr bedächtig, wollte weder von Amerikanern, Franzosen, noch überhaupt etwas von „denen da draußen" wissen und betonte mit zunehmendem Eigensinn, daß ihm die eigenen Fehler lieber als die fremden seien. Obgleich hier niemand widersprach, wiederholte er den Satz als predige er tauben Ohren. Im übrigen versprach er, mir eine Mettwurst zu schenken.

Endlich erschien die runde Bäckerin, um ihren Mann heimzuführen. Das Wunder der Nacht hatte darin bestanden, daß kein Angriff erfolgt war, weder zur Luft noch zu Lande.

Unmittelbar danach setzte das Feuer der Flak ein und fernes Dröhnen kündete das Sich-Nähern der Front an. Alle Bewohner stürzten nach unten in den Garten, zum Unterstand. Luise erschien, ihr Baby auf dem Arm, und zahlreiche Betten und Säcke hinter sich herziehend, um schluchzend in die Worte auszubrechen: „Nun kann ich auch mit Ihnen sterben, Frau Hauptmann!"

Diese Art der Treue fand ich zwar bewunderungswürdig, versuchte indessen ihr den Gedanken daran auszureden. Das Baby schrie mörderisch, und nachdem wir zwei Großmütter, sieben Kinder und Luise im Unterstand wußten, liefen wir anderen zum Bäcker nach Brot, das uns in den kommenden Tagen ausschließlich zu ernähren hatte.

In der Frühe des 9. April schossen die Batterien des Dorfes aus allen Rohren über das Dach unserer Arche hinweg in Richtung Langenhagen. Wir sausten halbbekleidet in den Garten und unsere Tropfsteinhöhle, die ein englischer Colonel späterhin als „süß" bezeichnen sollte, denn allenfalls war sie splitterdicht. Der Regen, der oftmals durch ihre Balken hindurchsickerte, war hingegen alles andere als erfrischend.

Hier kauerten schon sämtliche Bewohner des Hauses in den verschiedensten Aufzügen, mit hastig über die Schultern geworfenen Jacken und Tüchern, zum Teil ohne Strümpfe und Schuhe. Mütter und Tanten liefen hin und her, um noch das Notwendigste herbeizuholen und wichen in großen Sprüngen den Flaksplittern aus, die vom Himmel fielen. Dann erklang das Dröhnen der amerikanischen Artillerie vom Westen her. Ein Tiefflieger-Angriff überraschte einen Teil der aus Hannover flüchtenden russischen Gefangenen; sie ergossen sich wie ein Strom über unseren Garten, und zuletzt auch in unser Erdloch, wo wir an sich schon wie die Heringe gepreßt saßen und sie nicht gerade willkommen hießen. Ein fürchterliches Kauderwelsch setzte ein, denn außer ihnen drangen Polen, Franzosen, wie sie die Landstraße gerade von sich gab, in immer neuen Wellen zu uns vor. Die Maschinengewehr-Garben, mit denen unser Umkreis bedacht wurde, lösten Flüche in allen Sprachen zugleich aus, und selten wohl bestand eine größere Einmütigkeit als in der Verwünschung der Kurven, die das Flugzeug über unseren Köpfen zog.

Die Russen baten um Brot; ich besaß zu wenig davon, die geringen Vorräte reichten kaum für die Kinder. Aber der Weg zur Scheune wurde ihnen gezeigt, wo die Mohrrüben lagerten, und dorthin ergoß sich nun die Menschenflut.

Stunde um Stunde hockten wir so. Dann und wann wagten wir einen Sprung ins Haus, um den Kindern Milch zu holen. Sie lagen frierend und übermüdet in ihren Decken, zumeist auf dem Schoß ihrer Mütter. Ihr armen Wichte! Wie oft wurdet ihr aus euren Betten gerissen und schlaftrunken in diese Höhle getragen, wie oft sank unser Kopf ermüdet über euch, um bei dem ersten Einschlag hochzuschrecken!

„Mama! Treffen sie unser Haus?"

„Nein. Das ist ganz sicher und fest!"

„Aber sie haben doch auch Petersens Haus getroffen?"

„Das war nur Zufall!"

Der Himmel färbte sich rot von den Bränden der Stadt; in dem höllischen Lärm der Abschüsse erstarb jedes Wort. Raketengleich zog ihre Spur über uns hinweg, in flammenden, feurigen, weithin sichtbaren Bahnen; ein dumpfes, zunehmendes Grollen erschütterte die Luft. Der Tag verging. Die Nacht. Dunkle und bergende Nacht, Nacht voller Sterne, deren Glanz in Wolken von düsterem Rauch verblaßt. Am Gartentor Stimmen und Rufe: verstreute Landser, denen ich rasch Zivil bringe und die Richtung angebe, Südwesten, immer Südwesten, entlang am Moore. Ja, dort links vorbei, ihr kommt dann zur Südstadt, dort sind sie noch nicht!

Guter Gott, vielleicht kann man auf die Art noch manchen von ihnen retten, vor der Gefangenschaft, vor dem immer sinnloser werdenden Kämpfen um eine Ortschaft, ein Haus, eine Straßenecke.

Alle Uniformstücke wandern in den Komposthaufen am Zaun, hastig verwühlt im gelben Laub. Es gibt Augenblicke, in denen ich nicht nur hellwach bin, sondern auch von einer unwiderstehlichen Heiterkeit erfaßt werde. So bei der plötzlichen Begegnung mit dem Unteroffizier, der mit dem Bündel von Zivilkleidern auf dem Rad, wiederum im Dunkel vor mir steht: „Denken Sie, ich kam doch geradeswegs in meine Kolonne hinein!"

„Ja, und was nun?"

„Na, die wollen doch alle türmen! Aber mit der einen Hose da und dem Janker kann ich doch nicht alle Leute ausrüsten!"

„Hier, ich habe noch Sachen. Warten Sie!" Als ich wiederkomme, außer Atem natürlich, steht er als ein halber Adam da und streckt mir, eine höfliche Entschuldigung murmelnd, sein Bein entgegen, über das ich nun die Hose zerre.

„Das ist ja nun alles gleich, mein Lieber" sage ich und muß sehr lachen dabei, denn er hat endlich sein verlorenes Hemd in der Wiese gefunden und kann sich wieder aufrichten. Sind sie nicht alle unsere Jungens? Ohne Hemd, mit Hemd, Uniform oder Janker: Hauptsache, ihr kommt gut davon.

„Vielen, vielen Dank noch!"

„Ja, aber nun rasch auf das Rad!"

Die Dunkelheit nimmt ihn auf. Das Ohr vernimmt nichts mehr, als das ununterbrochene Geschützfeuer, einen hellen, nahen und singenden Laut und das fernere dunkle, die Tiefen der Erde erschütternde „Wumm".

Plötzlich setzte die Stille ein. Sie überfiel uns fast. Wir trauten ihr nicht, wir sahen uns an, lauschten, gaben uns Zeichen mit den Händen, um endlich, zögernd, den Fuß herauszusetzen auf die erste Stufe des Stollens. Der Garten lag im Frühlicht, in silbernem Grau, vom Goldregenbusch tropften Nebel und Feuchte, die Luft schmeckte nach Rauch.

Des Maulwurfdaseins müde, wollten die Zwölfjährigen „endlich den Feind sehen" und machten Miene, sich davon zu schleichen. Es bedurfte des ganzen Einsatzes mütterlicher Autorität, um sie davon zu überzeugen, daß hier nicht mit Luftgewehren geschossen wurde.

‚Aber es schießt doch niemand mehr!"

„Unsere Batterien haben das Feuer eingestellt, wir wissen nicht, wann die Amerikaner hier sind!"

Das Innere des Hauses glich einem Heerlager; Koffer, Kisten, Matratzen, Betten, alles lag bunt durcheinander. Im Herd wurde das Feuer entzündet, warme Suppen für die Kinder, Kaffee, ängstlich gehüteter und streng rationierter Kaffee, wurde ausgeschenkt für die Großen. Wir glichen den Vandalen, wie wir da herum saßen, wir waren schmutzige, übernächtigte Höhlenbewohner, die nicht einmal mehr Hunger verspürten, und die Treppen zu ersteigen erschien uns zu beschwerlich. Das Surren von Flugzeugen, ein plötzlich pfeifendes, höchst unangenehmes Schwirren über unseren Köpfen, ließ uns von Zeit zu Zeit wieder unter der Erde verschwinden.

„Panzer im Dorf!" Der Schrei pflanzte sich fort. Aber diese amerikanische Vorhut wendete noch am

Dorfeingang, nachdem sie sich eines Landsers bemächtigt hatte und ihn als Trophäe auf dem Kühler sitzend, mit sich fort führte. Heftiger Disput darüber, Erregung und ein würgendes Gefühl im Halse: wie ist das, wenn man glaubt, alles überstanden zu haben? Vielleicht kommt das Schlimmste erst noch. Irgendwo las ich einmal, daß der französische Patriotismus ein ganz anderer sei als der deutsche, nicht eng und begrenzt wie dieser, sondern weit umfassend, das ganze Land, den Einzelnen liebend wie das Volk, wie die Gemeinsamkeit der Sprache.

Dieser törichte Vergleich kommt mir in den Sinn, während wir uns auf dem Fußboden ein Lager aus Matratzen zusammenstellen und für Augenblicke oder Stunden - niemand weiß das - darauf niedersinken. Auch mit dem bloßen Wort Patriotismus weiß ich nichts anzufangen. Ich weiß nur, daß es wohl kaum ein Volk geben wird, das seinen Sieg oder seine Niederlage nicht gemeinsam empfindet, gleichgültig, ob Fürsten oder Diktatoren herrschen, Einsichtige oder Tyrannen, und daß es seine Söhne lieben wird, die freien und die geschlagenen, die lebenden und die toten, wie die Erde, die sie trägt, wie die Sprache die sie sprechen. Und ferner weiß ich, daß aus dem Gesamtschicksal eines Volkes kein einzelnes Glied zu lösen ist und daß dieser einfache Landser, den man soeben als wehrlose menschliche Trophäe im Triumph entführte, im gleichen Augenblick die Gestalt aller Deutschen annahm. Aus dem unbekannten, vielleicht ganz unbedeutenden Mann in der grauen Uniform, löst sich ein anderer, unserem Herzen vertrauter, und der Spott der ihn trifft, zeichnet auch uns.

Noch weiß ich es nicht, welcher Art das Los sein soll, das uns erwartet; aber eine Ahnung davon steigt in mir auf, daß wir uns dem Zustand der Erschöpfung nicht hingeben dürfen in den wir geraten sind, und daß wir neue Kräfte sammeln müssen zu einem Weg, der in tiefem Dunkel liegt.

Wieder ist es Abend geworden. Man tastet sich über die Schlafenden hinweg, über Koffer und Rucksäcke, sucht nach einem Stück Brot in der Fensternische und kauert sich wieder in Decken gehüllt, am Boden nieder. Unruhige Nacht. Gefechtslärm, von dem Surren von Fliegermotoren unterbrochen. Immer wieder wecken uns hastige Schreie und wir eilen nach draußen, fröstelnd, in ungeduldigem Warten.

In der Frühe kündet ein immer näher kommendes, monotones Rollen den anrückenden Gegner an. Wir suchen mit einem Feldstecher die Gegend zwischen den Dörfern und der riesigen Pappelallee ab, die von Norden her auf uns zuführt. Wir erkennen die Panzer.

Die ungeheuerliche Spannung dieser Tage läßt nach. Jetzt bleibt uns nichts mehr übrig als wiederum zu warten, was nunmehr geschehen wird.

Sie rollen vorbei auf der Straße. „Hitler kapuut!" Junge blonde Riesen sind es, die aus ihren Panzerluken winken. Wir wenden uns um und gehen ins Haus.

Amerikaner

Im Begriff nach oben zu gehen, die Betten wieder zu ordnen und nach den ausgestandenen Strapazen den langersehnten Schlaf zu finden, hörte ich fremde Stimmen; zwei amerikanische Offiziere tauchten hinter mir auf und erklärten das Haus für beschlagnahmt.

Im Augenblick war ich hellwach. Es begann die erste meiner Verhandlungen, sie wurde in schlechtem Englisch von mir geführt, unterstützt von der Mutter des kleinen Peter.

„Ein Haus, das von fünfzehn Flüchtlingen besetzt ist, kann niemals geräumt werden. Wir erwarten von Ihnen Rücksicht!

„Wieviel Kinder?"

„Sieben."

Wir erreichten, daß nur das Parterre geräumt wurde und daß wir uns in den oberen Stock zurückziehen durften, eine Gunst, die selten gewährt wurde. Während noch alles beschäftigt war, die Bücher der Bibliothek nach oben zu tragen, drangen zwanzig Panzer in den Hof ein und fünfunddreißig Amerikaner ergossen sich in das Haus, um eine Befehlsstelle darin einzurichten und sich häuslich niederzulassen.

Dies war der Moment, in dem ich eine der Pervitin-Tabletten zu mir nahm, die ich für den Fall außerordentlicher Beanspruchung seit Jahr und Tag in einem Schubfach verwahrt hatte. Denn nun galt es wohl, überall zugleich zu sein und die Wesensart fremder Truppen vom Praktischen her zu ergründen.

Wir faßten Posten an der Kellertüre, die gleichsam den Eingang zu einer orientalischen Schatzhöhle bildete, denn alles, was Freunde, Verwandte und selbst die Dorfbewohner an Wertsachen besaßen, war hier zusammengetragen: Silber, Gemälde, Pelze, persische Teppiche, Kisten und Truhen mit Leinen gefüllt, Schreibmaschinen, Mäntel und selbst die unseligen Cognak-Flaschen, die versteckt im Stroh der Kartoffelmieten lagerten. Ich befürchtete daher manches. Wir ließen die fünfunddreißig Mann in Khaki Revue passieren, und ich verließ mich hier einzig und allein auf meinen physiognomischen Instinkt.

Und siehe da: ich erkannte ihn sogleich. Es nahte sich ein junger, herkulisch gewachsener Jimmy oder Jonny vermutlich, der die Miene eines Eroberers trug, in der unverkennbaren Absicht, mein Gemüt in Angstzustände zu versetzen. So blickte er mich durchdringend an, während er an mir vorbeistrebte, kehrte dann plötzlich zurück, trat dicht an mich heran, maß mich von Kopf bis Fuß mit fürchterlichem Augenrollen und schrie das vernichtende Wort: „Nazi!"

Er schrie es mit solcher Vehemenz, daß ich eigentlich von Furcht, Schrecken und dem Drange erfüllt, mich augenblicklich in das gewünschte Nichts aufzulösen, reagiert haben müßte. Stattdessen sagte ich: „Junge, junge", klopfte ihm leicht auf die Schulter und bedeutete ihm, mit mir den Keller zu betreten. Er war mit einem Hechtsprung unten. Mit der gleichen Schnelligkeit sah ich ihn eine der versteckten

70

Flaschen hervorangeln und mit Kennerblick die Teppiche und Pelze mustern.

Indessen hörte er nun von mir, daß dies alles Flüchtlingsgut sei, gerettet vor den Bomben und Fliegerangriffen. Er hörte sich vieles noch an, auch meine Ansicht über kämpfende Truppen, ihre Disziplin, und zuguterletzt das Vertrauen, das ich hiermit auf ihn persönlich übertrug. Er war nicht im Entferntesten so wild, wie er sich gebärdet hatte und versprach mir, jederzeit für Hilfe zu sorgen, wenn ich sie benötigen sollte. Dann hielt er mir die Flasche vor Augen, mir auseinandersetzend, daß er sie nur als ein Geschenk von mir anzunehmen entschlossen sei. Ich gab ihm sogleich zwei. Wir schlossen damit einen Bund, der mich keineswegs enttäuschen sollte, denn er erwies sich als zuverlässig, und ich konnte ihm unbedenklich die Oberaufsicht über den Keller anvertrauen.

In der Bibliothek verhandelte gerade der neu hinzugekommene Colonel mit den übrigen Damen des Hauses; er war liebenswürdig, höflich und verriet mit nachsichtigem Lächeln, daß es den Soldaten nicht erlaubt sei, mit uns Handelsgeschäfte zu treiben. Das erste, was er sehen mußte, war indessen ein wohlgefülltes Tablett mit Kaffee und Konservendosen, das den Weg zu uns nahm. Wir begrüßten uns, er zeigte Interesse an der Bibliothek, in der man soeben sein Bett aufschlug, er bat, „dies alles", Unordnung, Kisten, Bettsäcke, zu entschuldigen, das Hin und Her von Ordonanzen, Meldern, von Leuten, die lange Fernsprechkabel durch das Zimmer zogen. Ach, Unordnung sind wir gewohnt seit langem, und die Unruhe auch. Wem fällt das noch auf? Wir müssen froh sein, wenn wir einen ritterlichen Colonel im Hause haben und keinen Deutschenfresser.

Während der folgenden Tage gleicht die Arche einem sich ständig drehenden Karussell, einem Jahrmarktstreiben, in das sich die gellenden Rufe und Schreie mit dem Klingeln der Fernsprecher, den Befehlen, Parolen, dem Pfeifen und Singen der Songs mischten. Tumult überall. Im Garten stieß ich auf etliche Khaki-Gestalten, die mit riesigen Stangen versehen in der Erde herumstocherten, eifrig wie die Indianer und mit lauten Zurufen ihr seltsames Werk begleiteten, das mir unergründlich war. Endlich kam mir die Erleuchtung, daß nach vergrabenen Schätzen gesucht wurde. Das schien mir insofern eine nützliche Beschäftigung, als sie nichts finden konnten und von anderen Untaten abgelenkt wurden. Indessen: wie wurde mir zumute, als sie sich dem Komposthaufen näherten, in dessen Tiefen vergraben meine Landser-Uniformen moderten! Meiner Sünden bewußt, gesellte ich mich zu den Schatzgräbern: sie schienen mir allesamt jung und verspielt zu sein, nicht anders, als befänden sie sich auf einem Fußballplatz. Es waren Knaben, die mit Stecken spielten. Sie besaßen auch einen Magneten, mit dem sie Silber und Gold aus unserem Garten zu bergen trachteten, und dieser Eifer besaß etwas Rührendes. So verfolgte ich ihre Beharrlichkeit mit milder Miene, und als man einen Schrei ausstieß und ein Loch zu buddeln begann, wuchs mein Interesse gleich dem ihrigen. Vielleicht, so dachte ich, finden sie den alten Gartenschlauch mit dem kaputten Messingverschluß. Aber nein. In ein Meter Tiefe bot sich eine alte Konservendose mit rostigen Nägeln gefüllt den Blicken dar und die Enttäuschung war allgemein. (Alles dürft ihr umbuddeln, nur nicht den Kompost!) Zehn Uniformen und eine Hakenkreuzflagge, - da bleibt mir nur übrig zu sagen: Allah ist Allah und Mohamed ist sein Prophet. Doch es kam nicht dazu, sie versenkten die Stangen nur ein wenig im Laub, um sich alsdann dem Holzzaun zuzuwenden und ihn mutwillig auseinander zu reißen. Hier aber verstand ich keinen Spaß und schalt sie aus. Sie standen ein wenig verblüfft und nicht ohne Verlegenheit. Die Knaben in Khaki mochten sich an mütterliche Gesten und Strafpredigten erinnert fühlen, denn sie trollten sich in der gleichen Haltung, die alle Mütter an ihren Söhnen kennen.

Aus dem Dorfe drang verworrenes Geräusch, das Gröhlen von Betrunkenen, Rufe, Schreie, Motorenlärm. Wir fanden nicht die Zeit, um nur bis zur Pforte zu gehen.

Abends fuhr der erste Lastzug mit deutschen Gefangenen an den Fenstern vorbei. Bei ihrem Anblick weinten wir bittere Tränen.

Inmitten des Geschehens, des großen Vernichtungswerkes an unserem Vaterland, zerriß hier der Vorhang, der unsere Augen und Herzen in diesen letzten Monaten mit bleierner Müdigkeit bedeckt hatte. Die Anspannung aller Kräfte war zu groß gewesen. Jetzt durchdrang uns wie ein Blitz die Erkenntnis, daß unser aller Leiden erst begann, nachdem wir glaubten, es durch den Tod unserer Brüder und Söhne zur Genüge ausgekostet zu haben. Was ist der einzelne in diesem nicht endenwollenden Strom von Schmerz, Bedrückung, Ohnmacht und dem Empfinden völliger Ausweglosigkeit? Was ist er angesichts der Beschimpfung, die er erfährt, der Verhöhnung, der haßerfüllten Härte, die ihm begegnet? Untrennbar bleibt sein Geschick vom Ganzen, und was ihm widerfährt, es widerfährt auch Dir und mir. Nie wurde es mir so deutlich, wie in jenen Stunden des sinkenden Abends, als ich am Fenster stehend, das Bild dieser Lastzüge in mich aufnahm und den Menschen zuwinkte, deren beschmutzte Uniformen, deren Gesichter, die kein Lächeln mehr kannten, mir so nahe waren wie das von Bruder und Sohn. Es gab nur ein Schicksal und wir trugen es alle. Eingepreßt auf einem Karren, als ginge es zur Richtstätte, beschimpft, degradiert, so zogen sie an uns vorbei nach fünf Jahren Krieg. Ich hatte sie hinausziehen sehen und ich sah sie wiederkehren. Nicht alle. Der eine, einzige fehlte, und es fehlten Tausende von ihnen, Millionen. Die Lebenden fanden zu ausgebrannten Ruinen zurück, zu den Kellern, Baracken und den vorzüglichen Camps jeder Art, in denen sie lernen sollten, und sie lernten vieles.

Dies war unsere Welt, und es fehlte nicht an Stimmen von draußen her, die ihr Hosianna dazu sangen. Sie kamen vom Rande aller Erschütterungen, aus der Sicherheit unversehrter Städte und des eigenen guten Gewissens, aus dem behüteten Leben der Männer und Söhne.

Wer aber weiß, was für uns z w i s c h e n diesen Jahren lag? Wer darf sich ein Urteil anmaßen? Vielleicht können wir mit dem gleichen guten Gewissen antworten: Millionen von uns wollten diesen Krieg nicht, so wenig wie ihr.

Aber wozu das? Die Schrecknisse und Leiden dieser Jahre sollen nicht eingetauscht werden gegen ein bloßes Wort, denn auch sie tragen Frucht in sich. Und auch der Hunger, der jetzt erst begann, die Armut für alle: es ist unsere Armut, also müssen und werden wir sie durchstehen.

Der Weg, der an diesem Abend begann, war noch lang. Ich fühlte, daß er nicht beendet war, und ich fühlte zugleich, daß er neuer Kräfte bedurfte. Wir konnten sie eher aus dieser letzten Drangsal heraus gewinnen, als aus dem Übermaß unserer Siege. Mit diesen Gedanken ging ich schlafen im Lärm der Fernsprecher, der Meldungen und der heulenden Motoren, und indem ich leise über die schlafenden Gestalten der Mütter und Kinder in unserem Wohnzimmer hinwegstieg, die ihr Lager auf dem Fußboden ausgebreitet hatten.

Der zweite Tag. Die amerikanischen Käppis waren mit Bonbons für die Kinder gefüllt oder mit Kaffeebohnen; und Büchsen mit Cornedbeef wanderten im Vorbeigehen aus den Taschen in meine Schürze. Es schien, als wären wir seit undenklichen Zeiten Hausgenossen. Der Colonel begrüßte mich, als befänden wir uns auf einer Cocktail-Party im Salonwagen seines Zuges. Umgeben von Adjutanten, Lagekarten, Befehlsempfängern und rasselnden Telephonen,wußte er mir freundliche Versicherungen zu geben und die artigste Verbeugung der Welt zu machen.

Man holte mich zu der Nachbarin, wo im Heu versteckt Gewehre gefunden worden waren, und ein endloses Palaver begann. „He is Nazi?"

„No." Der Bauer war schon in den Wald geflüchtet. Die Gewehre: nun ja, die Landser haben sich ihrer dort entledigt. Ist das einleuchtend? Yes.

Auf dem Rückweg naht sich mir eine Gestalt, zwei Meter in der Länge, mit umgehängter MP und blondem Haarschopf: „Du Kinder?"

„Ja.

„Du mitkommen!"

Das erschien mir keineswegs einleuchtend. Allein er forschte weiter: „Kinder Hunger?"

Ich mußte dies zugeben, denn außer den Cornedbeef-Dosen befand sich nicht einmal ein Krautkopf im Haus. Nun bricht er in laute Verwünschungen aus, denen ich entnehme, daß „die Polskis alles geklaut haben."

„Du und ich eine Rasse! Polskis, Rußkis, nix gutt. Ich Dir geben aus große Schrank, deine Kinder essen!"

Auf Grund seiner Rassentheorie nimmt er mich bei der Hand und führt mich über die Straße zum Hof der Oma Sesebeck. Ich begann mir das Denken abzugewöhnen, denn was der große Schrank mit Polskis und mir zu tun hatte, schien mir nicht ganz ersichtlich.

76

Oma Sesebeck erwartete uns zitternd, ihr Hof glich einem befestigten Lager. Sie bestätigte mir, daß ihr polnisches Mädchen das halbe Dorf geplündert hatte und alles in ihrem Kleiderschrank versteckt hielt. Mein Zwei-Meter-Mann hatte sie dabei überrascht, sie kurzerhand aus dem Zimmer geworfen, um alsdann auf die Suche nach einem geeigneten Objekt zu gehen, das dieser Genüsse würdiger erscheinen mochte. Mein neuer Brotgeber stieß kurzerhand mit dem Stiefel die Türfüllung ein, ich hielt die Schürze auf, und hinein prasselte der Segen von Schinken und Würsten.

Natürlich bedankte ich mich bei meinem Rassegefährten für sein außerordentliches Wahlwollen mir gegenüber und pries die Pfade der Vorsehung, die mir blonde Haare und nicht etwa schwarze verliehen hatten. Die Oma, noch ganz geschwächt von Besatzung und Lagerleben, nickte nur immerfort mit dem Kopfe und gönnte mir die Last, die ich davon trug.

Ist es noch unser Haus, das ich wieder betrete? Man überläßt sich dem Schwarm von Menschen, der Flure, Gänge und Treppen anfüllt. Ein Jeep fährt vor. Ihm entsteigen mehrere Landser, die man im Dickicht des Moores aufgespürt und gefangen hat. Dieser Anblick ist hart, er ist so unerträglich, daß ich augenblicklich reagiere und ihnen ein Zeichen gebe, mir in die Küche zu folgen. Aber die Überwachung ist streng. Was tut man in einem solchen Fall? Man überprüft die einzelnen Gesichter und läßt sich mit einem jungen Sergeanten aus Texas in ein Gespräch ein: er ist sympathisch, ein großer, blonder Junge, der seine Arbeit auf der heimatlichen Farm nur ungern unterbrach, um sich Krieg und Abenteuer zu überlassen. Es gibt viele Themen zwischen uns und wir verabreden, unser Gespräch am Abend fortzusetzen. Ich brauche Verbündete und suche sie im Lager des Gegners. Alles geschieht ohne viel Überlegung, denn noch immer bewegen wir uns in diesem merkwürdigen Trance-Zustand, der die wechselvollen Bilder und Ereignisse nur zögernd in sich aufnimmt, halb wachend. „Tu dies, tu das --", eine Stimme die uns sagt es mechanisch kommt man ihr nach.

Tumult auf der Wiese, hastige Schreie von Mädchen, die über die Straße dringen. Ich hole meinen „Fürchterlichen", den Bewacher der Kellerräume, und sende ihn zur Hilfeleistung ab. Er nimmt sogleich sein Brotmesser zwischen die Zähne, schultert die MP und läuft mit langen Schritten davon. Es sind doch Jungens darunter, die man gern haben muß, oder nicht? Und es erscheint mir wichtiger, ein Wort der Verständigung, ein menschliches Wort zu finden, als die Maueranschläge des Herrn Montgomery zu lesen.

Ein bekannter Laut dringt an mein Ohr: Tante Dortje ist es, die mit ihrem Enkelkind an der Hand sich Einlaß verschafft. Was sie der Wache auf Plattdütsch auseinandersetzt, umfaßt zwar ein gewaltiges Vokabular, stößt indessen auf einigen Widerspruch. „Nix rein!" sagt der Posten.

„Junge, dat will'ck dek seggen: wenn ek to mien Fruu will, so kannste mit dien Knattergewehr jümmer längs um miene Noase rumfuchteln, dat macht mie goarnig, du Dölschen!"

Natürlich eile ich hinzu. Tante Dortje bittet um Asyl, denn man hat ihre Kammern und Betten beschlagnahmt. „Dat dögenicht'sche Volk, düsse Kanaler", (hier weiß ich nicht recht, handelt es sich in ihrer Vorstellung um Kanadier oder um die Kanalüberquerer) „söpet seck vull, und mien Huus is man'n Karussell!"

„Alles nach oben, Tante Dortje, im Wohnzimmer wird wohl noch ein Eckchen frei sein!"

Der „Dölschen" läßt sie passieren.

Den Keller übersehend, fand ich dennoch, daß der Anblick so vieler Schätze auf die Dauer auch für gute Jungens eine Zumutung darstelle, also beschloß ich, die Perserteppiche als ordnungsliebende Hausfrau erst zu reinigen und sie dann an sicheren Ort zu bringen. Auch jene Kiste, in der die restlichen Uniformstücke des Generals Löhning,unseres hannoverschen Kommandanten ruhten, war hier überflüssig. Ich entleerte sie und stieg in Gedanken versunken mit den Generalshosen über dem Arm und die Teppiche mühsam hintennach schleifend, zur Wiese hinauf. Hier lagerten sie alle bei ihren Panzern, frühstückend, pfeifend und mein Erscheinen mit Wohlwollen begrüßend.

„Ihr könntet hier auch mal etwas anfassen", sagte ich auf Deutsch und wies auf meine Last. Man beeilte sich, meinem Wunsche nachzukommen.

Während ich nun meine Teppiche schwinge, klopfe und bürste und eben die besagten Hosen nachfolgen lasse, vernehme ich ein lautes Räuspern. Am oberen Fenster erscheint der Kopf Tante Dortjes, und sie tippt sich mit dem Zeigefinger an die Stirn, was in dieser respektlosen Sprache besagen will, daß sie leichten Zweifel an meinem geistigen Zustande hegt. Ich sehe auf mich herab, als wäre des Rätsels Lösung an meinen Kleidern zu finden, ich sehe um mich und erblicke die lachenden Gesichter von dreißig Amerikanern, die weiterhin frühstücken, pfeifen und mich wohlwollend betrachten, und endlich, endlich, fallen mir die Hosen ein und ich ahne den Zusammenhang mit Tante Dortjes unfreundlicher Geste.

„General hin, General her, das ist nun schon gleichgültig!" rufe ich laut. „Die roten Streifen sind nun einmal da und jeder kann sie sehen."

Alles lacht. Man antwortet englisch, ich rede deutsch, die Verständigung ist also ausgezeichnet, denn jeder weiß, um was es hier geht.

Oh, Tante Dortje, du wirst doch nicht glauben, daß ich Fersengeld gebe?

„Jonny, old boy, trag mir bitte die Teppiche mit ins Haus!"

Okay!"

Vor meinem Restschlafzimmer befindet sich das Gemach, das nunmehr mit Streu, Betten und Rucksäcken belegt ist für groß und klein, und Tante Dortje findet dort Platz. Ganz oben, unter dem Dach, schläft der Gebieter, es ist das letzte Refugium in seinem Haus, das nunmehr von fünfzig Menschen bevölkert wird.

„Tante Dortje", sagte ich in seltsamer Vorahnung

von mancherlei: „Sie schlafen ja in Reichweite der Treppe. Sobald Sie hören, daß sich nachts jemand von düssen Kanalern zum Chef hinauf begeben sollte, so rufen Sie mich!" Dieser Ruf erscholl. Es war gegen drei Uhr morgens. In der Eile fand ich nicht einmal meinen Morgenrock. Barfuß stürzte ich hinaus und erblickte zwei sonderbare Gestalten, die sich nach oben bewegten.

„Wohin wollt ihr?"

„That's a place for me", sagt der eine und leuchtet mit seiner Taschenlampe das Geländer ab. Ich kannte sie nun schon, diese verschiedenen boys. Einigen von ihnen saß die Pistole recht locker in der Tasche und sie fühlten sich als die Herren der Welt. In jedem Falle ist es besser, wenn sie dann der Frau des Hauses begegnen; die kleinen und großen Mißverständnisse bleiben aus, Frage und Antwort vereinfachen sich.

„Tante Dortje", sagte ich daher, „bringen Sie eine Flasche Schnaps!"

Ein runder Arm erschien durch den Türspalt und reichte das Gewünschte. Eine Stimme murmelte: „Dat ook noch für düsse Slagetöter?" Und noch einmal erschien der Arm und warf mir den Morgenrock zu. Tante Dortje hielt auf gute Sitten.

Das Wort Schnaps wirkte belebend wie immer, und meine beiden Gestalten stiegen zu mir herab. Wir setzten uns an den Fuß der Treppe, und es begann eine jener denkwürdigen Sitzungen, an denen das normale Leben weniger reich ist. Wenn man indessen auf den sicheren Schlaf des Hausherrn bedacht ist, so darf man nicht puritanisch in der Wahl der Mittel sein. Wir unterhielten uns über die große Politik, wie sie sich augenblicklich in den Köpfen der Boys darbot, und unentwegt schenkte ich ihnen in ein Gefäß ein, das sich bei näherem Zusehen als ein kupferner Aschenbecher erwies, der in besseren Zeiten die Zierde des Treppensimses war. Nachdem sie leicht schwankend den Grund der Flasche erreicht hatten, begleitete ich sie nach unten und lieferte sie bei der Wache ab. Die Wache lachte.

Erleichtert suchte ich meinen Weg über Tante Dortjes Beine im Dunkel. „Hei slöppt nu oben", flüsterte sie, „un aohnet goarnich, wat sien Fruu ihm allet abhält!"

„Das nennt man eheliche Liebe, Tante Dortje! Gute Nacht!"

Der Mann aus Texas ist unser Freund. Er bringt den Müttern Lebensmittel, er trägt mir die Körbe, die Eimer, in denen ich das Wasser herbeischleppe, das Holz zum Heizen. Es gibt seit Wochen kein elektrisches Licht, so brennt der Stumpf einer Kerze in der Küche, wo wir Gemüse für den nächsten Tag putzen. Er sitzt auf dem Tisch und unterhält uns. In einer halben Stunde hat er Dienst.

„Was für Dienst?"

„Gefangene abholen."

Ach, wenn das nur nicht immer einen so lauten Schlag im Herzen geben würde!

Ich rede und rede. Ist hier nicht, neben der Küche,

der Garten? Und könnte man nicht, anstatt durch die vordere Haustüre, die Gefangenen durch die Scheune heranführen?

Nein, denn sie werden registriert.

Nun, wenn es fünf sind, so liefert man drei ab! Ich versorge die beiden anderen.

Schweigen.

Wer weiß es denn, außer uns beiden?

Der Mann aus Texas zündet sich eine Zigarette an. Dann erhebt er sich, drückt mir die Hand und verschwindet wortlos.

Es ist wie ein Fieber der Erwartung. Im Flur tickt der Fernschreiber, wandern die Schritte auf und ab. Es ist wohl nicht ganz gefahrlos, was man hier plant. Aber wo ist keine Gefahr? Wer sich ihr entziehen will, kommt darin um.

Eine Stunde ist vergangen, dann höre ich andere Schritte. Jeeps fahren vor, die Wache meldet sich, und ich denke: nun hat er mich doch im Stich gelassen. Aber in der Scheune rührt sich etwas. Flüsternd verständige ich mich mit zwei Landsern: zwei Uniformen wechseln mit Zivil, der Pferdestall ist dunkel, und der Freund aus Texas ist ein wahrer Freund.

„Habt ihr Proviant?“

„Nein.“

Ich hole Brot und Cornedbeef. Gesegnet seien diese Büchsen und das ganze Texas! Meine Landser entweichen in das Dunkel der Nacht: ich habe nicht einmal ihre Nasenspitzen gesehen.

Noch manchen entließen wir so. Wo du auch sein

magst heute, ich habe es dir nicht vergessen, old boy, und ich wünsche alles Wohlwollen Jupiters auf deinen Weg herab!

Ach, man wünschte einmal wieder in Ruhe schlafen zu dürfen! Man wünschte, daß das Haus leer wäre, daß die Truppen abziehen und daß wieder so etwas wie Ordnung darin einziehen würde! Das Karussell dreht sich weiter. Es gibt keine Lage, aus der heraus man nicht auch Einsichten gewinnen würde wie diese: wir sind immer noch besser daran als viele, viele andere, und dafür haben wir dankbar zu sein.

Die Polen Stanislaw und Klara bringen mir Kaffee. Sie waren Zivilarbeiter im Dorf, und sie erzählen mir, daß sie die Kleider ihrer Herrschaft für ihre eigenen ausgegeben haben, um sie vor der Plünderung zu retten und daß sie tun was sie können, um den Hof zu bewahren.

„Was ist das für ein Kreidezeichen an unserer Pforte, Klara?"

„Nix abtun. Bleiben lassen." „Warum?"

„Nur an Haus, wo gutt ist!" .Ah, so!"

Tante Dortje findet, daß man sich in das Unvermeidliche schicken soll. Es liegt in ihrer Natur, das Leben zu lieben und aus dem größten Wirrwarr das beste herauszufinden. Während sie den Enkelsohn wäscht und sich die Seife mit seinen Tränen mischt, (paß upp, du Döllmer, du dögenixen Bengel!) überlegt sie die Nachteile wie die Vorteile einer Besatzungsmacht, „wenn nu schon gaornix mehr to rnaken is." Und sie entwickelt die verschiedenen Möglichkeiten des Handels.

Luise sagt: „Ach, Tante Dortje, du hast immer so Ideen!" Und Tante Dortje erwidert: „Du Döskopp! Wenn ich dien Gesichte seih, dann sin jao nu keine Ideen drin!"

Und sie handelt. Alsbald sieht man sie mit einem alten und ehrwürdigen Mantel angetan, dessen Taschen so unergründlich sind wie das Moor, mit einem Beutel zur Rechten und einem Korb zur Linken auf der Landstraße wandern. Sie bleibt viele Stunden fort. Als sie wiederkommt, legt sie mir wortlos Butter, Kaffee, amerikanischen Speck und Woodbine auf den Tisch, Woodbine-Zigaretten.

Luise hebt die Augen zum Himmel.

„Soon Mäken!" sagt Tante Dortje. „Wutt du in düsse Tiet Smacht hebben oder wutt du äten?"

Also sprach sie und aß.

Beim ersten Hahnenschrei höre ich plötzlich das Geräusch anfahrender Panzer auf der Wiese. Ich schlüpfe in meinen Mantel und hinaus. Ein gigantischer Jonny ist damit beschäftigt, den Flur und die Parterre-Zimmer zu kehren. Er macht es nicht gut, aber gründlich, und ich frage ihn nach dem Sinn seines Tuns. Er legt zwei Finger an seine Schläfen und richtet mir die Grüße der Truppe aus, und ich soll in the citchen gehen. Hierbei macht er listige Augen.

Was ist in der Küche? Der Tisch ist beladen wie zu Weihnachten: es häufen sich die Konservendosen, die Paketchen, die Weißbrote, Tee, Kaffee, Marmeladen, Zigaretten, Pfirsiche und Schokolade. Er steht daneben und freut sich an meiner Überraschung. Dann stellt er den Besen in die Ecke, macht shake hands und enteilt im letzten Jeep.

Acht Jahre später schrieb uns der Colonel, er hoffe sehr, daß wir seine Einquartierung in einem so angenehmen Gedächtnis bewahrt hätten, wie dies unter Kriegsumständen möglich sein konnte und wie er selber das Bild unseres Hauses in sich aufgenommen habe.

Ich bin es angesichts so vieler Ausschreitungen, die vorgekommen sind, der Wahrheit schuldig, diese Truppe hervorzuheben, deren guter Geist mit seiner Person und Führung verbunden war.

Danach

Von Osten her kamen die Flüchtlinge. Ein neues Kapitel unserer Geschichte begann: das der Verfolgten, Entrechteten und Heimatlosen.

Frauen, Männer und Kinder, Knaben und Greise, Mädchen, denen ein grauenvolles Schicksal noch in den Augen stand, Ostpreußen, Westpreußen, Schlesier, ehemalige Soldaten, Gutsbesitzer, Arbeiter, Landvolk. Ein unübersehbarer Zug von ihnen wanderte auf der großen Straße vorbei; tagelang, wochenlang, Monate, und hielt Rast bei uns. Strapazen, Hunger und Flucht hatten die Gesichter gezeichnet, Erlebnisse sich darin eingegraben, die auch die Zeit nicht verwischen kann. Sie suchten nur Schlaf. Was suchten sie noch? Trost und Anteilnahme? Nein. Was sie suchten, war die Selbstverständlichkeit mit der ihnen ein Platz eingeräumt wurde, das Mahl geteilt und Hilfe gewährt werden konnte, denn nicht anders hätten sie uns aufgenommen, und innerhalb eines Volkes, das ein gemeinsames Schicksal trägt, kann dies wohl auch nicht anders sein. Waren alle Türen geöffnet? Nein. Von Königsberg bis Hannover ist ein weiter Weg. Ich sprach mit Menschen, die unseren Ort als den ersten bezeichneten, in dem sie noch etwas anderes fanden als Brot und die dürftige Schlafstelle, und ich schämte mich jener, die sie nicht nannten und nicht nennen wollten. Eine Handbewegung, eine Geste der Resignation, das war alles.

Bekannte Autoren schrieben währenddessen schöne und gefühlvolle Sätze nieder, die in losen Blättern kursierten und von der Liebe zum Nächsten handelten; aber als dann die Flüchtlinge zu Tausenden und Hunderttausenden anwuchsen und in bedrohliche Nähe ihrer Häuser gelangten, zog es dieser und jener vor, neutrale Länder und Zonen aufzusuchen. Dort saßen sie dann und gaben Interviews; das Wort Vaterland stand hoch bei ihnen im Kurse und das vom einfachen Leben auch, und die Pressephotographen beeilten sich, die leidvollen Züge des Dichters für alle Ewigkeit festzuhalten, diese verlogene Demut und Trauer, die ihren Weg zu den Herzen der Deutschen finden sollte, die man inzwischen verlassen hatte. Es schreibt sich leicht von der Liebe zum Nächsten, nur wenn es zum Opfer kommt, zeigt sich mancher verdrießlich.

Man lernte viel in dieser Zeit. Es kamen die Juden aus dem Konzentrationslager Belsen, und auch sie suchten unser Haus auf. Bis zum Jahre des Heils, 1933, war ich ihnen nicht gewogen, ich liebte sie nicht; besonders nicht die Juden Berlins und des Kurfürstendamms. Als ihre Verfolgung einsetzte, der Massenmord, und alles vergossene Blut zur fürchterlichen Anklage gegen uns aufstand, lernte ich dann, wie man sich des deutschen Namens zu schämen hatte. Und so lernen wir weiter bis zum Ende unseres Lebens, und das ist gut so.

Sie kamen und berichteten. Auch sie verlangten nicht Trost und Anteilnahme, sie klagten auch nicht an. Sie aßen von dem wenigen, das wir hatten und waren zufrieden. Dann, an einem Morgen, kam ein Jude den Gartenweg entlang, dessen Physiognomie mir so unangenehm erschien, daß ich Widerwillen verspürte. „Der nicht!" dachte ich, fest entschlossen, ihn weiter zu schicken. Er trat anmaßend auf, verlangte ein Frühstück und nahm ohne weiteres auf dem Gartenstuhl Platz. Ein ganz unbestimmtes Gefühl in mir verlangte Überwindung; wäre ich meiner eigentlichen Reaktion gefolgt, so hätte ich seine unverschämte Art beantwortet, indem ich ihn hinausgeworfen hätte. Jetzt aber brachte ich ihm ein Tablett mit Milch und Brot und setzte mich zu ihm. Warum nur? Es geschah etwas sehr Merkwürdiges: nach den ersten Worten, die er sprach, rollten ihm die Tränen aus den Augen, er öffnete sein Hemd über der Brust und zeigte mir die Narben von Folterungen. Um mich zu prüfen, hatte er jenen barschen Ton angenommen, nun nahm er meine Hand in die seine und versicherte, er werde es mir nicht vergessen, daß ich ihn nicht aus dem Hause gewiesen habe. Sein Gesicht, mir erst so zuwider, verwandelte sich und nahm einen Ausdruck an, den auch ich nicht vergessen habe.

So lernten wir weiter, und jeder Tag brachte neue Menschen und neue Schicksale. Oft faßte der obere Scheunenplatz im Heu, der zum Teil mit Matratzen und Decken ausgestattet war, dreißig Personen; oft kamen noch ganze Gruppen in der Nacht, und alle Frauen im Hause standen auf, um das Herdfeuer neu zu entzünden, die Suppen zu kochen und die Vorräte zu teilen, die immer weniger wurden. Wie unzählige andere tauschten wir unsere Schmucksachen, unser Leinen, unsere Pelze und unser Silber gegen Lebensmittel. Warum sollten wir es bedauern? Wir mußten leben, wir hatten unsere Männer und Kinder zu versorgen. Dem gegenüber erschien dies alles als ein sinnloser Tand. Wir lernten das Wort „Besitz" angesichts so vieler Menschen, die nichts mehr als ihr Hemd und ihren Rock besaßen, als etwas Flüchtiges betrachten, das Gunst oder Ungunst wie im Würfelspiel über Nacht veränderte, und eine entscheidende Wandlung bahnte sich an: die toten Dinge verloren ihren bis dahin für uns persönlichen Zauber und Wert, die Möbel, das Porzellan, die chinesischen Schalen und Töpfe, all jene kostbaren Nichtigkeiten, die wir einstmals mit Liebe gesammelt und ängstlich vor Scherben bewahrt hatten, sie sanken zurück in das Nichts. Was konnten sie noch für uns sein? Hätten wir sie nicht sogleich für das Leben eines Einzigen hingegeben, der sich krank an unseren Türen vorbeischleppte? Und genügte nicht das Gewicht einer Bombe, um alles in Trümmer zu legen? „Laß fahren dahin - -!" Es war die fruchtbarste Einsicht, die wir gewinnen konnten, und darum bejahe ich auch die Zeit, in der es geschah.

Dann fuhren die Autos vor und es kamen die Ausländer. Vieles wollten sie wissen und weniges konnten sie begreifen. Manches sahen sie richtig und das Hauptsächliche garnicht. Das Wort Kollektivschuld wurde eifrig erörtert, und sie alle, alle, alle, wußten es viel besser, sie waren uns weit voraus an Einsicht und Charakter, und nichts als Staub rieselte auf unser geschlagenes Haupt. Darüber hinaus erwartete man, daß wir ihn täglich und stündlich selber über uns ausgossen, und es fanden sich auch viele, die sich darin nicht genug tun konnten. Das mea culpa, mea maxima culpa schrien sie laut genug und erweckten damit Befriedigung im Ausland, aber kein Ansehen. Mich reizte dies alles bis zum Überdruß, und ich rief oftmals genau das Gegenteil von dem, was man hören wollte, auch wenn mich mein Gebieter heimlich und streng dabei musterte, denn natürlich schoß ich wie immer weit über das Ziel hinaus. Das aber war mir völlig gleichgültig, denn ich lernte eines nicht und gedachte auch für alle Zukunft nicht es zu erlernen:

Die Erniedrigung hinzunehmen, mit der man ein ganzes Volk bedachte und für immer zu bedenken gewillt schien.

Zwischendurch erschien ein englischer Oberst mit unverkennbar militaristischem Einschlag, wie von nun ab die neue Vokabel lautete. Er sagte dem Gebieter die angenehmsten Dinge von der Welt, wobei er den Respekt des Soldaten besonders betonte. Wie soll man sich da noch zurechtfinden? Die einen wollen dich dafür steinigen und die anderen mit Lorbeer bekränzen.

Der Oberst fragte den kleinen Alexander, was er werden wolle: „Oh, aine Soldat, ich denke. Soldat, wie sai-ne Vater!"

Alexander sagte nein. Er wolle das gaar-nicht, sondern Förster werden und eine große Familie gründen. Da zeigte sich der Oberst enttäuscht, und so kann man es niemand recht machen.

Dann erschien englische Einquartierung und der Gebieter bezog wiederum sein oberes Stübchen, denn er wollte so wenig wie möglich von ihr verspüren. „Du hast es gut!" sagte ich.

Die Engländer waren sehr vornehm, und wir bemühten uns, es auch zu sein, obgleich dies den Deutschen bekanntlich nicht immer gelingen soll. Man liest es oft in der Times.

„Als um Mitternacht", sagte der Gebieter später, „die Stimme meiner Frau in einer gewissen Lautstärke zu mir herauf drang, ahnte ich, um was es ging."

Es ging darum, ihnen begreiflich zu machen, daß man innerhalb weniger Jahre nur noch daran denken würde, die Demontagen abzublasen und die deutsche Armee wieder aufzustellen, denn um diese Zeit etwa würde man sich endlich über die Russen klar sein, mit ein wenig Verspätung freilich.

Natürlich lächelte man nachsichtig, denn als Engländer ist man gut erzogen. Der junge Offizier hielt mich offensichtlich für geistesgestört. Ich lud ihn zu einem Tee für 1950 ein, um unser Gespräch dann fortzusetzen; er ist indessen nicht erschienen.

Hiernach kam ein Schotte in Begleitung des Dr. Cohn, eines jüdischen Emigranten, den Schwager Hans in der berühmten Kristallnacht gerettet und bei sich beherbergt hatte. Er vergaß es nicht und gewann durch seine Liebenswürdigkeit, sein Wesen und seine Treue zur Heimat unsere Sympathien. Der

Schotte war ein Deutschenfresser, und ihn hatte er gerade um dieser Gefräßigkeit willen mitgebracht, um den Eindruck zu studieren, den er von uns gewinnen würde. Wiederum gegen Mitternacht stieg unser Gespräch zu beachtlichen Höhen, und mein Gebieter ging schlafen, in weiser Voraussicht des Kommenden. Allein der Schotte ließ sich bekehren und blieb gleich drei Tage, um beim Abschied zu sagen, daß er mit tiefer Abneigung gekommen sei und mit Respekt scheide. „Es ist wertvoller", antwortete ich ihm, „ein einziges Gespräch innerhalb einer Familie zu führen, als jahrelang Reden am grünen Tisch."

Auch die Franzosen kamen, „jenne" und jene, wie man im Niedersächsischen zu sagen pflegt, und ab und zu verirrte sich auch ein Russe zu uns, freilich nur, um Hühner tot zu schlagen oder in der Küche Schnaps zu trinken und den Wasserhahn als culturra zu bezeichnen.

Dies alles war „danach." Das Karussell lief weiter.

Ritter der Landstraße tauchten auf, die sich ihrer verschiedenen Kreuze und Ehrenzeichen entledigt und sie in Mauerritzen und Scheunenbalken dem Rost der Zeiten anvertraut hatten. Unter ihnen ist Constantin.

Ehemaliger Panzerkommandant, erhielt er bei Monte Cassino das Ritterkreuz. Nach schwerer Verwundung wurde ihm der rechte Arm abgenommen. Er ist sehr jung und von der Natur mit einer so glücklichen Physiognomie ausgestattet, daß die Frauen ausnahmslos zu lächeln beginnen, wenn er an ihnen vorüber geht, und auch unter den Männern befindet sich kaum einer, der nicht mit ihm die berühmten Pferde stehlen möchte. Heiter und strahlend betritt er eines Tages die Arche, um sie so bald nicht wieder zu verlassen. Wenn das eine Zimmer besetzt ist, so wechselt er zum nächsten, er ißt die Gemüsesuppen im unteren und oberen Stock, er wird bemuttert und läßt sich mit Vergnügen verwöhnen, und endlich wird er Lehrling in Hannover und fährt mit dem neuen Autobus von Herrn Nitschke an jedem Morgen in die Stadt. Er bleibt als Schlafbursche, wie er es bezeichnet, der Arche treu. Sein Lieblingswort lautet: „Es geht um mehr!" So bringt ihn auch nichts aus der Fassung, weder die Sorge um Geld, noch jene um die Zukunft.

Wenn die Haustüre geht und sein fröhliches Pfeifen ertönt, sagt jedermann: „Ach, der Constantin! Wer hat gekocht? Hat der arme junge auch zu essen?" Und der arme Junge läßt sich irgendwo häuslich nieder und ruft: „Das ist ein Süppchen für einen alten, ehrlichen Landstreicher! Es geht nichts über das Matriarchat!"

Nun, die Archen sind dazu da, um Schiffbrüchige an Bord zu ziehen. Zwar werden die Kohlköpfe mehr im Wasser als im Fett gedünstet, und die Erfindungsgabe der Köchin sieht sich vor schwere Aufgaben gestellt. Die schwarzen Künste werden von jedermann geübt, und so kann es vorkommen, daß Luise an einem Morgen mit seltsamer Kunde an mein Bett stürzt. Diesmal handelt es sich nicht um Heribert, sondern um zwei große Unbekannte, wie ein etwa verhörender Kriminalkommissar nur lächelnd konstatieren würde, und eben diese waren es, die nicht nur ein Faß durch die Scheune gerollt und ein quiekendes Schwein daraus entlassen hatten, sondern sachkundig in der Waschküche ihres Amtes walteten.

„Luise", sagte ich, „du träumst, mein Kind!" Diese Mitteilung erschien mir zu absurd.

Aber Luisens Aufregung war eine zu außergewöhnliche, und der Gebieter rief, sich im Bette aufrichtend: „Lauf rasch nach unten. Weiß Gott, was da alles wieder passiert! Mich wundert garnichts mehr!"

Also lief ich in Windeseile und fand zwei starke Männer damit beschäftigt, das Schwein auszuweiden.

Gefragt, wes' Nam' und Art, versicherten sie mir, „es sei alles in Ordnung."

Mir schien es durchaus nicht so.

„Wissense", sagte der eine von ihnen, „Herr Radeling läßt schön grüßen. Er wußte nämlich nich in so früher Morgenstunde, wohin mit dem Schwein, und da meinte er, Ihr Haus läge so schön ab und Sie würden's nich übel nehmen!"

Radeling; Radeling. Das war einer unserer Tee-Besucher. Mir schwirrte der Kopf. Immerhin war es ein wenig seltsam von Herrn Radeling, in dieser Art über unser Haus zu verfügen, nicht wahr? Aber die beiden meinten, in einer Zeit wie dieser geschähe manches und so, und sie wollten sich auch beeilen, und es sollte nicht wieder vorkommen.

Zu ändern war - ich sah es - nichts mehr. Man muß versuchen, sich mit Gegebenheiten abzufinden. Herrn Radeling würde ich dann persönlich sprechen.

„Ja, das machense man!"

„Das kostet Sie dreißig Pfund und ein Rippenstück!" sagte ich also im Fortgehen, „und knapp gewogen wird nicht!"

Der Gebieter nahm meinen Bericht mit äußerstem Mißfallen entgegen: „Das ist das Tollste, was mir je begegnet ist! Was willst du tun?"

„Garnichts. Ich kann sie doch nicht mitsamt dem schon geschlachteten Schwein vor die Türe setzen? Aber sie müssen mir das Rippenstück da lassen."

„Um Gottes Willen! Erzähle mir nichts davon, das ist ja unmöglich!"

Constantin, als er im abendlichen Krauttopf ein Stück Fleisch entdeckt, ruft aus: „Ah! Ein Radelinchen! Es sei ihm alles verziehen!"

Und der Gebieter, es prüfend und betrachtend: „Du hast doch nicht etwa - -?"

„Keine Spur! Das hat Tante Dortje gebracht!"

Hannover. Als ich an einem Vormittag die Schutthaufen des Zentrums übersteige und an verfallenen Kellern vorbei die Packhofstraße erreiche, sehe ich plötzlich Landser laufen. Sie kommen aus allen Straßenzügen und sie bewegen sich nach einer Richtung hin: dem Bahnhof. In ihren elenden, oft zerrissenen Jacken und mit ihren abgezehrten Gesichtern wirken sie wie Gestalten aus der Unterwelt. Die Rufe und Schreie, die sie ausstoßen, reißen die Passanten mit sich, und immer neue, immer grimmigere Köpfe tauchen auf; sie schnallen sich im Laufen das Koppel ab, sie schwingen es in den Fäusten: „Polen! Pooolen! Die Polakken greifen Landser an!"

Der Schrei pflanzt sich fort, jeder gerät ins Laufen, jeder einzelne stürzt mit und vereinigt sich mit dieser vorwärtsflutenden, drohenden Masse. Vor mir zwei unverkennbare Hamburger Jungs, die sich die Ärmel hochkrempeln; zwei, drei wuchtige Stöße zur Seite, sie befinden sich auf dem Fahrdamm. „Hummel Hummel!" Ihr Schlachtruf erweckt hundertfachen Widerhall. „Jungs, vertrimmt sie!" Dann stürzten sie sich in das Menschengewühl, wo es am dichtesten war. Nichts sah man als erhobene Fäuste, die nach unten sausten; nichts besaßen sie als ihre eigene Kraft, als ein Koppel, eine Brottasche, und mit ihnen zerschlugen sie die mit Pistolen und Messern auf sie eindringenden Polen. Sie schlugen mit einem Ingrimm auf sie ein, daß die berittenen Engländer beiseite hielten, und keiner von ihnen rührte sich, keiner gab das Kommando zum Einhalten. In ihren kühlen, verschlossenen Gesichtern zeigte sich nur am Blitzen der Augen die Freude an diesem ungleichen Kampf. Die Zügel der Pferde fest an sich ziehend, beobachteten sie den Ausgang nicht ohne Genugtuung, und erst als der letzte Pole entfloh oder am Boden lag, besänftigten sie die Rasenden.

Ein kurzes Zwischenspiel nur. Und dennoch zeichnete sich in ihm die Spannung ab, mit der ein Grenzpfahl aufgerichtet wurde zwischen Ost und West: ein unpolitischer, unvorhergesehener Akt, spontan in seiner Geste. Die Engländer zeigten es in aller Deutlichkeit.

Wie war es entstanden? Ein Wortwechsel, eine Rauferei. Die Polen zogen die Messer und im Laufe einer Viertelstunde war alles entschieden.

Die Erregung flaute nur langsam ab, in dichten Gruppen stand man beieinander. Einige umarmten sich, und alle, alle waren sich wieder einmal einig. „Großer Gott", rief ich aus, „wir sind uns immer nur einig, wenn wir ran gehen! Wären wir es nur immer und zu allen Zeiten!"

„Sehnse", sagte mein Nebenmann und faßte mich liebevoll um die Schulter, „inner Familje is das auch so! Maöl zanken wir uns und saögen uns Grobhaaten, aöber wenn das Tante Amaölje mit uns machen will, denn schmaassen wer se raus!"

Nun, ja doch. Ich war es zufrieden. Und selbstverständlich auch damit, daß die Landser die Polen verdroschen hatten.

Als einer der ersten aus dem Lager Entlassenen trifft Schwager Hans bei uns ein, kurz nach ihm unser Neffe Gerd. Beide sind der Erholung bedürftig, und besonders der Onkel ist es in diesem Falle, dessen zerfetzte Militärstiefel ich ebenso eingehend betrachte, wie seinen sich in Fäden auflösenden Pullover, denn Abhilfe zu schaffen ist garnicht so einfach. Die Schränke sind leer.

Vorerst ruhen beide auf verschiedenen Sofas und stoßen Tabakswolken in die Luft: das undefinierbarste Kraut, das jemals diesen Raum durchdrang. Und da Onkel Hansens Leidenschaft bekanntlich dem „Käffchen" gilt, so werden mit Mühe Kaffeebohnen eingehandelt, um den müden Wandersmann zu erquicken. Nachdem sie einige Tage dem Schlafe huldigten und man weiter nichts von ihnen vernahm als gelegentliche Nasallaute, meldete sich der Hunger in erschreckender Form. Gemüsesuppen am Mittag und Abend, in den verschiedensten Variationen, schienen die ehemaligen Jünger des Mars nicht restlos zu befriedigen. Allein mein Tafelsilber war bereits eingetauscht, und so wanderten unsere Gedanken und Gespräche von den etwaigen neuen Möglichkeiten zu den sichtbaren Talenten des Neffen, über die einen längeren Vortrag zu halten der gute Onkel sich herbeiließ.

„Wozu", meinte er, indem er sorgfältig seine Gamaschenwickel entrollte und die Füße in ein paar gewaltige Pantoffel steckte, „wozu, mein Sohn, bist du eigentlich jung und wozu kannst du tanzen? Wozu gibt es hier die Dorfschönen? Das, was uns die gute Tante Gretha hier herbeizaubert an Karotten und leider recht mageren Speckwürfeln, überlasse du mir! Dem Alter gebührt die Ehre und der Vortritt. Schwing die Krücken und iß dich bei den Bauern satt, wirf deine Augen ein bißchen und mache dich selbständig!"

Diese Lieblosigkeit warf den Neffen nicht um, sondern erschien ihm eher einleuchtend, und noch am gleichen Abend promenierte er zum Nachbardorf. Wie er so dahin schritt, rank und schlank, war ich um diese Selbständigkeit nicht allzu besorgt. „Der gute Junge“, sagte ich daher, „wird ein Plätzchen finden, an dem man sich seiner erbarmt!“

„Und ich?“ rief Onkel Hans, mich heftig in seine herkulischen Arme schließend: „Du wirst über deinen vielen guten Jungens doch nicht den besten vergessen?“

Mitnichten. Als der Neffe um Mitternacht noch nicht heimgekehrt war, verzehrte der gute Onkel die ihm zugedachten Eierschnitten mit sichtbarem Behagen. Seine schwere Gestalt versank in dem Ohrensessel, er zwinkerte mir zu und bat um die Vergünstigung, mir bei dem Brauen eines Nacht-Kaffees behilflich sein zu dürfen. Das endete stets damit, daß er sieben Tassen in gehöriger Eile zu sich nahm und daß mir eine verblieb.

Der Neffe Gerd, groß und blond, hatte das Riesenmaß seines Onkels nicht nur erreicht, sondern drohte es zu überschreiten. Infolgedessen hatte er es nicht leicht, sich durch ein Fenster zu winden, das nur zu einem Viertel geöffnet und mit einem Haken verschlossen war. Dennoch gelang ihm dieses Kunststück jede Nacht. Er stieg alsdann auf des Onkels Bette nieder, nicht sehr zaghaft wie mir schien, denn jedes Mal erwachte derselbe mit einem lauten Schrei und rieb sich Bein- und Kniekehlen: Die nun folgende Unterhaltung der beiden verlief meist etwa so:

„Ist das ein Benehmen, bei deinem würdigen und alten Onkel einzudringen? Ich bin doch kein Dirndl, und außerdem schätze ich es nicht, durch unsanfte Berührungen geweckt zu werden!"

„Lieber Onkel, hier hast du ein Stück Buttercreme-Torte, es wird deinen Schmerz versüßen. Und wenn du mir Gerechtigkeit widerfahren läßt, wenn du Gerdi zu mir sagst, kurzum, wenn du besonders lieb bist, so habe ich vielleicht in der linken Tasche noch ein Stück Schinken! Über das weitere will ich schweigen."

„Laß uns verhandeln!" sagte der gute Onkel und setzte sich in seinem Bette auf.

„Das ist nicht so einfach!"

„Nun, du wirst mit dir reden lassen."

„Da ich dein Neffe bin, so bin ich kein Unmensch!"

„An ihren Früchten sollt ihr sie erkennen. Jetzt weck' Tante Gretha, sie wird uns einen Kaffee brauen!"

„Nein, nein, der Ofen ist längst ausgegangen und das Zimmer ist kalt!"

„Das macht nichts!" entschied der Onkel. „Ich werde Feuer machen."

Nicht selten also fand ich die beiden vor, wie sie den nächtlichen Tisch bestellten. Die Talente meines Neffen entwickelten sich ganz entschieden zum Vorteil unseres Hauses, und er gewann besonders beim Schwager an Gunst und Ansehen.

Sehr bald gewöhnten sie sich wieder an die zivile Seite des Lebens, und der Schwager wandte sich den Holzstapeln vor der Türe zu mit dem Bemerken, daß hier zum mindesten ein Jahr bitterster Arbeit auf ihn warte. Ein großes Beil ward ihm zu diesem löblichen Zwecke überreicht. Er sah es sinnend an und beschloß nunmehr, einen Tag abzuwarten, an dem es nicht schneien würde.

Es schneite ununterbrochen. Infolgedessen wandte er sich seinen Primzahlen zu.

In dieser Zeit taucht auch Wilhelm Rosarius auf, der alte Pirschgänger, wie ich ihn nenne. Wieso das? Ist er ein Jäger? Keineswegs. Aber es gibt Reviere mancherlei Art, und die seinigen bestehen in fernab gelegenen Weinschenken, alldort, wo bei der augenblicklich vorherrschenden erzwungenen Abstinenz noch ein Restbestand alter Jahrgänge ausgeschenkt wird. Auch der selbstgebrannte Schnaps wird natürlich nicht verachtet, man muß ihn nur mit Eidottern zu mischen wissen. Dies ausfindig zu machen, zu wittern, wo und was ausgeschenkt wird, ist unbestritten seine Stärke. Wenn sein Wagen vorfährt, und wir die mächtige, breite Gestalt im wehenden Mantel aussteigen sehen, begleitet von seinem Dackel Bienchen, so pflege ich zu sagen: „Sieh da! Unser Pirschgänger! Ich ahne Fürchterliches!"

Denn Wilhelm ist eine durchaus spendende Natur und er liebt nicht nur den Überfluß, sondern er pflegt ihn auch gern mitzuteilen. Infolgedessen erscheint er nie ohne eine Anzahl bauchiger Flaschen unter dem Arm, die er dem Gebieter als ein Zeichen seiner Verehrung überreicht und die auch sogleich in Angriff genommen werden. Und während ich hin und her eile, um die Herren mit einigen nahrhaften

Zwischengerichten zu erquicken, erfüllt sein tiefes, ich wage es zu sagen: röhrendes Organ das Zimmer in dem sie sitzen und bald darauf die ganze Etage.

Wenn es wahr ist, daß jeder von uns eine physiognomische Ähnlichkeit mit bestimmten Tieren aufzuweisen hat, so muß ich Wilhelm, meinen alten Pirschgänger, einem Bernhardiner zuordnen. (Hier wird er beim Lesen dieser Zeilen in ein wütendes Brummen übergehen.)

Aber eben dieses Brummen, der langsame und bedächtige Tonfall, wie nicht zuletzt sein Wesen, das bei aller Bedächtigkeit sehr wachsam ist, läßt diesen Vergleich nicht so ganz abwegig erscheinen. Es dürfte nicht ratsam sein, ihn zu provozieren. Auch liebt er das Grollen von seiner Ecke aus, das heißt, er zieht sich zurück, sobald er sich gekränkt fühlt, und dies ist leicht geschehen. Allein sein Unmut dringt dennoch spürbar, auch wenn man nichts von ihm hört, über viele Kilometer hinweg zu seinen Freunden. Besänftigt kehrt er wieder; nicht ohne das mächtige Kinn bis auf die liefen seiner Hemdbrust zu neigen und dich von unten her mit prüfendem Blick zu betrachten. Er ist also schwierig, aber vielleicht liebt man ihn gerade dieser Eigenschaft wegen.

Ein großer Zecher, ist er auch ein großer Verehrer des schönen Geschlechtes; in einem Rubens'schen Gemälde könnte er sehr gut Modell gestanden haben, „an üppigen Tafeln schwelgend, den Arm um den Nacken einer Schönen geschlungen." So sangen es unsere Väter.

Selbstverständlich aber ist er ein Gegner des Ma-

103

triarchats. Es umweht ihn die paternitäre Luft großer Hallen, in denen es nur einen Mittelpunkt geben kann: den Sitz des Hausherrn, wie er mit Blick und Geste das Ganze in Zug hält. Die Dienerschaft eilt geschäftig, sie wagt nicht eine halbe der Flaschen beiseite zu schaffen, denn Wilhelm sieht alles. Und die Frauen, nun: sie flechten und weben, was die himmlischen Rosen anbelangt, und wenn ihnen jemals etwas anderes beifallen sollte, so wird Wilhelm sie zu zähmen wissen.

Es liegt natürlich nahe, zu vermuten, daß sein Gefühl für absolute Autorität in etwas hitzige Bewegung bei dem bloßen Anblick meiner bescheidenen Person geraten müsse, und irgend etwas ist auch wohl daran. Nur hält er mir zugute, daß ich die Frau des Gebieters bin, und wenn dies auch kein eigenes Verdienst bedeutet, so ist es dennoch eine Tatsache, der er Rechnung trägt. Hierüber führen wir denn auch des öfteren Gespräche miteinander, die der Gebieter milden Blickes und den Burgunderwein lobend mit anhört. Ich bemühe mich, Wilhelm klar zu machen, daß ich auf Grund der Fama und zahlloser Wünsche bereits eine Figur des Panoptikums darstellen würde, wenn ich die Fähigkeit besäße, mich nach ihnen zu wandeln, umzumodeln, einzuschrumpfen oder was sonst auch in diesem Sinne von mir verlangt wird, und Wilhelm sieht das ein.

„Nö, nö", sagt er, denn er ist Wahlhannoveraner. „Bleiben Sie nur wie Sie sind! Ein anderer als Ihr

Gebieter freilich wäre schon längst als ein lächerlicher Pimpf an die Wand gedrückt!"

Man sieht, Wilhelm liebt einen starken Jargon, aber man muß dies als den unmittelbaren, paternitären Ausdruck seiner Persönlichkeit gelten lassen. Bienchen, der Dackel, sitzt währenddessen stumm an seiner Seite. Die Menschen, denkt er, reden entschieden zu viel und sind merkwürdige Wesen.

Der Gebieter sagt: „ja, ja, mein lieber Rosarius, da sehen Sie einmal, was ich zu leiden habe!"

„Nun, nun! Dafür sehen Sie aber noch ganz jung und frisch aus!" ruft der alte Pirschgänger, und das ist ja nun auch wieder nett von ihm.

Dann erhebt er sich, denn er muß nach seinem Freund, dem Pastor sehen, der irgendwo dort in der Heide allein in seinem großen Hause lebt, und an gewissen Abenden gewisse Getränke braut.

„Doch keinen Schnaps?"

„Natürlich!" sagt Wilhelm. „Komm, Bienchen, wir wollen ihm dabei helfen!"

Und Bienchen versteht ihn aufs Wort.

Haussöhne

Er taucht an einem August-Nachmittag bei uns auf, als der Regen von den Büschen des Gartens tropft; der Weg zur Pforte versinkt im grünen Grund des feuchten Rasens.

Seit Jahren schreibt er dem Gebieter, ist also kein Fremder mehr. Was sogleich an ihm auffällt, ist seine Wohlerzogenheit, die in den Zeiten des Niederganges nicht mehr als selbstverständlich empfunden wird. Er ist noch jung, obgleich er bereits Kommandeur einer Fliegergruppe war. Dunkle, ein wenig schwermütige Augen, schwarzes Haar; der Zivilanzug will noch nicht passen. Er ist der Typ, den man sich nur in der Uniform oder im schwarzen Tuch denken kann, sei es im Frack oder im Rock des Priesters. Und wirklich: er ist nach zwangsläufigem Berufswechsel zum Studium der Theologie übergegangen, was mir dennoch nicht passen will. Kopf und Gesichtsschnitt deuten auf östliche Abstammung hin. Ungar-rr? Nein, Westpreuße. Wie schade, er hätte so gut aus der Puszta kommen können. Natürlich lächelt er und betrachtet mich augenscheinlich als eine sympathische Wilde. Der Gebieter forscht ihn nach seinen letzten Kriegserlebnissen aus; lange Gespräche über den russischen Feldzug, dann das umschlossene Kolberg. Ein Schimmer von Romantik wird gestreift, als er von dem Flug mit dem Fieseler Storch berichtet, mit dem er unmittelbar vor dem Eintreffen der Russen auf einem Gutshof landet, um ein junges Mädchen in Sicherheit zu bringen.

Das ist, wenn ich mich nicht sehr täusche, wiederum einer der kommenden Haussöhne, für die der Tisch zu jeder Zeit gedeckt ist. Ihnen allen ist der Zug der Offenheit gemeinsam, neben der ausgesprochenen Neigung zu „ihrem" Autor, ihre junge und wache Intelligenz, ihre Art, sich in die Atmosphäre des Hauses und unserer kleinen Familie einzuschwingen, als seien sie ewig da gewesen.

Es erweist sich, daß er auf Sylt lebt, aber zum Studium nach Tübingen zu gehen denkt. Allein da sind die Zuzugsgenehmigungen, die Schwierigkeiten verursachen. In Campen haust Ernst v. Salomon und schreibt an einem gewaltigen Manuskript; auch Mathias Wiemann taucht dort gelegentlich auf, „den meine Frau sehr liebt", wie der Gebieter sagt. Wiederum ein Lächeln. Die „Wilde" besitzt, und es fällt nicht schwer dies zu bemerken, ihre Sympathien und Antipathien mit gleich starker Intensität. Gegen Abend erfolgt der Abschied, dem viele Besuche und viele Jahre der Freundschaft folgen sollen.

Es kann nicht ausbleiben, daß er bei einer seiner nächsten Visiten auch Constantin begegnet, unserem enfant terrible, und beide empfinden sogleich Sympathie füreinander. Es wäre schwierig, der frischen Stimme und den blauen Augen unseres Ritters zu widerstehen, denen selbst Herr Nitschke, der Autobusfahrer, obschon von grollender Gemütsart, sich nicht gewachsen zeigt: er läßt ihn jeden Morgen und Abend umsonst und ohne Fahrschein mitreisen, und das will viel besagen.

Beide ehemalige Kommandeure, sind sie natürlich in Fachgespräche verwickelt, in Flieger- und Panzertaktik, in Strategie, Erlebnisse, Erinnerungen. Und auch ein dritter Krieger findet sich ein, der gleichfalls Günther heißt und ausnahmsweise weder bei den Fliegern, noch bei den Panzern, sondern lediglich bei der simplen Infanterie war. Mit dem Gebieter zusammen waren es also an gewissen Abenden vier ausgewachsene Strategen, um diese vorsichtige Umschreibung ihrer ehemaligen Tätigkeit zu gebrauchen. Das schreckliche Wort neuerer Prägung müßte lauten: Militaristen. Aber es scheint, es kommt der Wirklichkeit so wenig nahe, als wenn man einen alten Jagdhund mit einer Umhängetafel versieht, auf der zu lesen steht: „Vorsicht! Fällt auch Wildschweine an!"

Es ist heutzutage alles so schwierig, nicht wahr! Ein Nudelfabrikant hat es da besser, denn er weist sich als harmloser Zivilist und Zeitgenosse aus, der eben Nudeln drehte, anstatt Flugzeuge oder Panzer zu bauen oder gar zu besteigen. Ich müßte also bekennen, daß mir Gespräche über Nudeln sinnvoller erschienen als jene, die wir führten. Aber ich lüge ungern, und fand meine Drei zudem großartig. Sie erschienen denn auch zu einem kleinen Geburtstagsfest, als Eis und Schnee die Zufahrtsstraßen längst gesperrt hatten. Sie pürschten sich von Sylt und Hamburg heran vermittels Lastwagen und als Beisitzer fungierend, in mühevollen Kreuz- und Querfahrten. Tante Dortje hatte zu diesem Tage aus einer ihrer unergründlichen Henkeltaschen den Braten geliefert, und so kam es, daß über einer vergnügten Tafelrunde ein noch vergnüglicheres Fest entstand. Wenn alle Welt kein Geld mehr besitzt, so ist das ein gemeinsamer Zustand, der kaum zur Last fällt. Man lernt den Tag und den Abend loben und erfreut sich einer mitgebrachten Flasche Wein, eines guten Gespräches, und man lernt die Bescheidenheit, die Freude an den geringen Gaben.

Ein Zufall half mir, die so ersehnte Zuzugsgenehmigung für Günther am Horizont zu entdecken; also reiste unser Haussohn nach Tübingen ab.

Die Verflochtenheit der Wege war auch hier wieder zu erkennen: nach einiger Zeit teilte er uns seine Verlobung mit. Es stand geschrieben, daß ich den mittelbaren Anlaß zu seinem Ortswechsel bot und daß er, dort angekommen, Brigitte kennen lernen sollte. Und wiederum sollte unsere Begegnung mit ihr einen weiteren Wechsel auslösen, den Fortzug aus unserem niedersächsischen Dorf nach Württemberg.

„Großer Gott", sagte ich zu meinem Gebieter, „mit Töchtern wie mit Bräuten weiß ich eigentlich nie etwas anzufangen. Wenn sie nur ein natürlicher Mensch ist, dann mag es gehen!"

Sie würde es mir verübeln, wie ich sie kenne, wenn ich nunmehr ihre Eigenschaften, ihr Aussehen, ihre Vorzüge so schildern würde, wie ich es möchte. Daher mag es genügen, wenn ich sage, daß sie unser Herz sogleich gewann, als sie mit Günther durch die Gartenpforte eintrat und damit auch den Weg für immer in unser Haus fand. Sie erschien mir nicht fremd, und unsere Begrüßung war eher eine vertraute zu nennen. Nichts daran war dem Zufall zuzuschreiben.

Die Einladung zur Hochzeit, die am 21. Mai stattfand, sah uns vor die Schwierigkeit gestellt, von Hannover nach Württemberg zu gelangen, was im Jahre 1948 einiges Kopfzerbrechen verursachen konnte. Der Gebieter sagte sogleich: „Wir werden bis Frankfurt stehen müssen!"

Ich fand diesen Pessimismus angesichts einer Fahrt zu Haussöhnen und Hochzeit nicht angebracht, packte neben den Koffern zahlreiche Brote und Brötchen und Thermosflaschen mit Kaffee, denn man konnte nie wissen und wußte es wirklich nicht -. Ich versuchte vergeblich, durch Tausch von Porzellan oder Damast-Tüchern in den Besitz neuer Pumps zu gelangen und stand schließlich mit Mann und Sohn auf dem zerbombten Bahnhofsgelände. Die denkwürdige Fahrt begann. Zuallererst verkündete eine blecherne Lautsprecherstimme, daß mit Verspätung von mindestens einer Stunde zu rechnen sei. Ich wagte es nicht, nach dem Gesicht meines Gebieters zu sehen, dem Massenansammlungen, Gedränge und erst noch Verspätungen höchst unangenehm erscheinen und leider einen ungünstigen Einfluß auf seine Stimmung ausüben. Aber ich lobte den Kofferrand, der eigens zum Niedersitzen geeignet sei. Es brachte mir kein Gegenlob ein. Dann pries ich die Luft: sie schmeckte so recht nach Mai. Freilich drangen auch noch mancherlei andere Gerüche mit her, und darum schwieg ich.

Endlich nahte sich der Zug, und schon von weitem sah man die merkwürdigsten Gestalten mit wehenden Rockschößen auf den Trittbrettern stehen, Beine aus den Fenstern hängen und ähnliche, wenig erfreuliche Tatsachen. Ich tat also, als beschäftigte mich das Gepäck ganz außerordentlich, eilte hin und her, überhörte geflissentlich das Wort meines Eheherrn: „Hör mal, es wäre doch wohl gescheiter umzukehren!" und überließ es den beiden, mir nachzuklimmen. Schon befand ich mich in der Menschenmauer des Zuges und auf dem sogenannten Perron, einem Vorplatz, der die Abteile nur von weitem ahnen ließ. Und irgendwo entdeckte ich auch Mann und Sohn unter Hüten, Rucksäcken, laut schimpfenden, drängenden und gestikulierenden Volksgenossen, unter Hutschachteln, Koffern und Minimax-Apparaten. So weit schien alles gut zu gehen, denn noch befand sich mein linker Fuß neben dem rechten, und ich konnte zur knappen Not auch meinen Ellbogen anziehen. Aber es fand sich dennoch der Blick meines Gebieters zu mir her, und er war vielsagend. (In einem solchen Falle tut man immer gut daran, heiter zu lächeln.)

Wir fuhren ab.

Auf diesem Perron befand sich auch die geheime Tür der Türen, sie war im Augenblick eingestoßen und eine Woge drängte ein Dutzend Menschen hinein, darunter - - -

Natürlich sah ich nicht hin.

Der Mensch ist feige.

111

Aber stand ich nicht selber eingekeilt in eine Mauer, unfähig mich zu rühren?

Der Mensch erfindet immer Ausflüchte.

Nach fünf Stunden erscholl ein Geschrei von den Abteilen her, und es näherte sich lawinengleich: eine Mutter, ihr Baby über dem Kopf haltend, verlangte drohend, Platz zu machen. Die Mauer wich nicht, weil sie nicht weichen konnte. Das Baby stieß schrille Schreie aus und die Mutter verwünschte uns alle miteinander. Endlich, als der Augenblick höchster Not herbeigekommen zu sein schien, gab es einen hundertfachen Ruck, mein linker Fuß stand nunmehr unter einem Koffer und mein Rücken bildete die Ablagestelle für Rucksäcke. Die Mutter erreichte jene Türe, das Geschrei verzehnfachte sich, mein Vordermann stieß mir seinen Hut unter die Nase, und daran merkte ich, daß der Eintritt geglückt war.

Nach weiteren drei Stunden schrie man nach der Bahnpolizei: eine Handtasche war gestohlen. Die Bahnpolizei, als sie die Türe öffnete und die menschliche Mauer erblickte, ließ den Kopf sinken und so fuhren wir weiter.

Als wir in Frankfurt anlangten, war ich der Auflösung nahe. Wir stiegen um. Also geschwächt, gab keiner mehr ein Wort zum anderen. In Tübingen erwartete uns ein Hotelzimmer mit zertrümmerten Waschbecken, zerfetzten Tapeten und dreibeinigen Stühlen, das die Besatzungsmächte wohlwollend hinterlassen hatten.

Wir sanken in das Bett und schliefen traumlos bis zum Morgen.

„Ich finde", sagte der Gebieter während des Frühstückens, „daß diese Reise recht anstrengend war!"

Ich wagte nicht, ihm zu widersprechen.

Das Kloster

Am 20. Mai fuhren wir nachmittags durch
das Tor des Klosters und hielten vor der Tür; das
Brautpaar half uns aus dem Wagen und durch den
Garten eilten Brigittes Eltern herbei: Albert und
Dora. Sie sind die tragenden Säulen des Hauses
und kommender Geschlechter. Und da wir uns - der
Himmel weiß wie oder aus welchen Gründen einer
ungeahnten Verwandtschaft der Seelen - sogleich
in die Arme sanken, darf man von einer menschlichen Begegnung im echten Sinne sprechen.

Seit mehreren Generationen Familienbesitz,
liegt das Kloster inmitten eines Parkes und alter
Gebäude, die „Kasten" genannt werden und ehe-
mals Fruchtspeicher waren. Das Haupthaus selber empfängt uns mit einem breiten, schmiedeei-
sernen Tor, grünen Fensterläden und einladender
Front aus weißem Kalkstein. Ein geräumiger, im
Dämmer liegender Flur, an der rechten Wand das
überlebensgroße Bildnis eines alten Chinesen, der
mit listig-verschlagenem Ausdruck eine Flasche
betrachtet. Wir gehen die breiten Stufen empor
zum ersten Stockwerk und begegnen nunmehr
dem Matriarchat und seiner höchsten Verkörpe-
rung: Dora, Beherrscherin seiner Räume und Bewohner, Hüterin des Gastrechtes und Mutter aller
Freunde, wie auch der Freunde dieser Freunde,
denn man darf ihre Gastlichkeit als eine homerische ansprechen.

Ihre Gestalt könnte man als den unmittelbaren Ausdruck ihrer Persönlichkeit wiedergeben: groß und gewaltig. Mit dem unverkennbaren Zug friesischen Erbteiles vom Vater her, wobei im Gegensatz dazu das mütterliche Blut der Rezniceks nur in Temperament und künstlerischen Neigungen zum Durchbruch kommt. Um sie herum entfalten sich die Gaben, rüstet man zu Festen und heiteren Tafeln; eine vitale, geistige Kraft, eigenwillig, wie es die Friesen sind, im Denken wie in der Wahl ihrer Lektüre, ihrer Gespräche, von absolutem Sinn für Freiheit, mit einer Vorliebe für Ironie und für das Außergewöhnliche. Stark in ihren Freundschaften, ist sie es ebenso in ihren Antipathien, die sie rückhaltlos zu erkennen gibt. Sie beginnt dann zu „zischen", wie ihr Sohn Erhard behauptet, und drohende Wolken verkünden oftmals den morgendlichen olympischen Auftritt von ihrem Schlafzimmer her, die sich sogleich über alle Räume lagern und ihre Umgebung zur Vorsicht veranlassen. Wie beruhigend, möchte man hier sagen, daß es noch Jahrgänge ihrer Art gibt!

Es geschieht, daß sich zwei Frauen begegnen, die in einem anderen Leben schon einmal als Schwestern vereint waren, denn nichts aneinander ist uns fremd. Eine gewisse Ähnlichkeit, selbst was die obigen Wolken anbetrifft, wäre zu prüfen; und da wir unserem eigenen Geschlecht oftmals unheimlich erscheinen, was im wesentlichen nichts besagen will, so einigen wir uns, daß dies abzuändern nicht in unserer Macht steht. Das so vollkommene männliche

115

Geschlecht hingegen einigt sich, was sie und mich betrifft, bei den gleichen Erwägungen, und so wäre denn alles in schönster Ordnung.

Albert, der Gemahl, zeigt sich allem gewachsen durch die Ruhe und Gelassenheit, die ihn auszeichnet; er liebt sie mitsamt ihrer ungebrochenen Vitalität, ihrem Angriffsgeist, der Freude am Wortspiel, das sich häufig genug gegen ihn selbst richtet. Er neigt zu humorvollen Betrachtungen und zur Milde, er schätzt ein freies und unabhängiges Denken und ist neben einer ungewöhnlichen Arbeitskraft begabt mit vielen seltenen Eigenschaften von Kopf und Herz. Da die künftigen Jahre mich immer bei ihnen zu Gast sehen werden, so kann ich in meinen Betrachtungen nicht so weit gehen wie ich möchte, denn neben ihm am Tische sitzend, würde er zu mir sagen: „Gretha! Ich finde, Sie sollten in Ihren Aufzeichnungen mehr Diskretion üben!" (Und dies wäre doch fatal.) So darf ich nur noch sagen, daß wir neben zahlreichen Beweisen unserer Sympathie nur in einem Punkte niemals einig werden: er liebt Paris, den Westen, und wenn er von jener Stadt spricht, so nimmt sein Gesicht den Ausdruck an, den ich bei den härtesten und hartgesottensten Landsknechten ebenfalls feststellen durfte: es ist dies ein gelöstes, ein seliges und beseligendes Rückerinnern, ein Trance-Zustand, ein eminent deutscher Ausdruck, allen gleichermaßen eigen, ein Ausdruck, den ich als nicht ganz normal bezeichnen muß. Manchmal flüstern sie dann einen Namen. Sie tauschen Blicke aus, sie sprechen nur noch in Nasaltönen.

„Albert! Man geht durch Paris wie durch ein Haus mit schönen Räumen. Ich erfreue mich daran, aber ich gehe auch wieder hinaus. Ihr Männer laßt Eure Haut darin zurück!"

Aber vielleicht wollen sie das, die Männer. Albert lehnt in seinem Sessel und hört sich das an, er lächelt milde. Von nun an nenne ich ihn nur noch Albert.

In diesem Hause trifft man nur auf Persönlichkeiten, wohin man auch in den einzelnen Etagen wandern mag, und das Gewicht der einen begegnet dem der anderen. Das ist höchst interessant und anstrengend zugleich, denn nach einem wahren Feuerwerk an Gesprächen, Pointen und Ergötzlichkeiten in Doras Gemächern schlüpft man zu dem ihrer Schwester Ebba oder zum oberen Stockwerk, und das setzt sich oft genug bis zum späten Abend fort. Ebba muß ich als „personnalité inusitée et indomptée" ansprechen, als Frau und Künstlerin von bezwingendem Charme, deren reizvollste Seite in einer bei ihr natürlichen Gegensätzlichkeit beruhen mag: geistiges Feuer und beobachtende Kühle. Wenn sie den Raum betritt, so denke ich an Kleopatra; aber ich sehe selten einen Cäsar an ihrer Seite, und es scheint mir doch, als stürben die letzteren eher aus als die Königinnen.

Der Polterabend beginnt. Brigitte trägt ein rotes Kleid aus seidenem Taft und sieht bezaubernd aus. Günther, Schwiegersohn, künftiger Gatte und Haussohn, entfaltet mit glänzendem Geschick die geselligen Gaben an der Tafel, wo alsbald die munterste Stimmung herrscht.

Siehe, da ist auch der Dichter Gerard, der sich weiß Gott wieso im Reiseanzug hierher verirrte, etwas von Hochzeit munkeln hörte und blieb. Er unterhält die Runde mit donnernden Trinksprüchen und griechischen Versen, er liebt die Capitanos und Caballeros, wie alle südlichen Lande und Sänger, und nicht zuletzt die homerische Trinkfreudigkeit. Ich habe nie geahnt, für was alles man den alten Dionysos verantwortlich machen kann, denn in seinem Namen verwandelt sich alles zum Dionysischen. Gerard also ist von heiligem Feuer beseelt, auch dem der Trunkenheit. Nebenbei soll er, einem on dit zufolge, ausgezeichnet boxen können und ihm mißliebige Gestalten kurzerhand „auslöschen", so im Vorbeigehen und ohne große Worte zu machen. Natürlich verfügt er noch über sehr viel andere Fächer des Wissens und seltene Eigenschaften, aber dies alles weiß und ahne ich heute noch nicht so sehr. Vorerst vergnügt er die Gemeinde und entlockt ihr neben dem Strom des Weines auch den der Heiterkeit.

Um Mitternacht bringt man dem Brautpaar ein Ständchen im Park; wir lehnen am offenen Fenster. Über die Wipfel alter Bäume hinweg tauchen die Umrisse der mittelalterlichen Klosterkirche im Mondlicht auf. Die Nacht ist erfüllt von den Stimmen der Sänger, vom Duft der Zweige und Blüten und der Freude an zwei jungen Menschen, die sich lieben. Das rote Kleid Brigittes raschelt neben mir, Günthers Gesicht ist tiefernst.

Der Hochzeitsmorgen sieht alle erwartungsvoll im Park vereint; Wärme, Licht und Sonne fluten über den Rasen. Am ehemaligen Sprechgitter der Nonnen findet der Empfang der Gäste statt, Wagen auf Wagen rollt vor. Am Brunnen vorbei bewegen sich festliche Kleider, Albert, der Brautvater, ist in immerwährender Bewegung und begrüßt die zahlreichen Gäste. Das Brautpaar erscheint unter den Zurufen aller, und dieses Bild bleibt unvergessen: der helle Morgen über dem Gartenweg, unter dessen weitausladenden Kastanienzweigen wir die beiden zuerst erblicken.

Ein würdiger Onkel des Hauses ruft an Hand einer langen Liste die Namen der Damen und Herren, die gemeinsam die Autos besteigen und die Freuden des Tages Seite an Seite genießen sollen. Der meinige wird mit dem des Generals S. aufgerufen, der hierüber fast in Ohnmacht fällt. „Das überstehe ich nie!" ruft er aus und reicht mir die Hand. Wir fahren denn auch sogleich um ein Haar mit dem Wagen des französischen Kommandanten zusammen, der in gleicher Eile einfährt wie wir ausfahren, und ich bemühe mich, dem General auseinanderzusetzen, daß ich ihn trotz meines gefährlichen Rufes lebend davonkommen lassen möchte, was er mir nicht glaubt.

Die kirchliche Trauung wird von Professor Th. vollzogen. Die Damen sind ohne Zweifel andächtiger als die Herren, und das bringen die zerstörten Illusionen mit sich, das wehmütige Erinnern und Betrachten des weisesten aller Worte, das den schönen Wahn mit dem Gürtel und dem Schleier betrifft. Angesichts dieses schönen Paares haben sie die Hoffnung, daß es glücklicher werde als sie selbst, denn sie neigen in Augenblicken wie diesen, was immerhin selten sein mag, zu Gedanken selbstentäußernder Art. Darum wird ihr Interesse an Hochzeiten und Brautkutschen immer ein ungewöhnliches zu nennen sein, gleichgültig, welchem Stande sie angehören.

Die Herren, gegenüber sitzend, halten den Blick zur Erde gesenkt oder aber zur Kuppel der Kirche erhoben; sie denken neben ihrem heimlichen Urteil über die Predigt, die nach aller Ausspruch eine der besten ist, die sie gehört haben, selbstverständlich über die Bestimmung des Tages und damit ihres Freundes Günther nach, der ihr ebenso wenig entrinnen konnte wie sie selbst. Und da sie das männliche Geschlecht verkörpern, fühlen sie weder Rührung noch Andacht, noch zarteste Erinnerung, noch überhaupt etwas von dem, was sie einstmals angeblich bewegte, sondern sie sind schweigend der Meinung: „warum soll er nicht auch, - - wir mußten es ja ebenfalls!"

Darum wird ihr Interesse an Hochzeiten und Brautkutschen immer ein gewöhnliches zu nennen sein, gleichgültig, welchem Stande sie angehören.

Ich selber bin, wie Dora, die Brautmutter, in zärtliche Gedanken für unser junges Paar versunken und wünsche ihnen nach der Vermählung von Herzen Glück. Die Kette der Autos zieht sich den Berg hinan nach St. Johann, wo uns nunmehr die üppigen und reich geschmückten Tafeln erwarten und das Fest seinen Lauf nimmt.

Mon général hat sich, in Erinnerung an so viele bestandene Gefahren seines Berufes, inzwischen auch mit der neuen Lage abgefunden und betrachtet mich und den Forellengang, der soeben serviert wird, mit freundlichen Blicken des Wohlwollens. Gerard läßt von weither sein griechisches Organ ertönen und entsendet vulkanische Blicke an die schöne Baronin X. Mein Gebieter und Ebba grüßen herüber: Sapristi, welch gefährliche Nachbarschaft!

Das Brautpaar eröffnet den Tanz. Wenn ich Brigitte in der Anmut ihrer Bewegungen betrachte, so überkommt mich doch ein leichtes Bedauern, keine Tochter wie sie zu besitzen. Freilich, sie hätte auch anders geraten können, die Mama kritisierend und in umstürzlerische Haushaltspläne verstrickt, eigenmächtig wie ich und voller Launen wie der Herr Papa: es ist schon besser so, und ich glaube auch, daß Söhne besser zu mir passen wollen. Außerdem: wenn die Töchter flügge werden, so hat man seine liebe Not mit dem Aufpassen, ein Wort, das ich im gleichen Alter haßte und nur höchst ungern selber anwenden würde. Ist es nicht überaus angenehm, daß man Söhne niemals nach Dingen zu fragen braucht, die sie uns ohnehin nicht erzählen?

In diesen Gedankengang hinein holt mich Albert zum Tanz. Leicht beschwingt und befeuert weiß er die Runden des Walzers mit Leidenschaft zu drehen, so daß ich nicht umhin kann zu sagen, die Alten verrieten oft mehr Schwung als die Jungen.

„Aber!" antwortet er: „Was wollen Sie mit den Alten? Ich bin jünger als Ihr Herr Gemahl!"

Verflixt. - -

Die schöne Baronin wird zum Tanz gebeten und läßt das Pelzcape von den Schultern gleiten mit jener Gebärde, die von allen Männern so ausschließlich bewundert wird und die Frau von Welt verrät. (Das Personal des Klosters, nach guter schwäbischer Sitte am Hochzeitsfeste teilnehmend, sah von seinem Eckplatz aus zu. Und da ist der Gärtner Louis, dem es beim Anblick der nackten Schultern den Atem verschlägt: „Heidenei, wenn se's no au voll ganz na lasse däd!")

Auch Gerard ist erstarrt vor so viel Schönheit. Es steht zu befürchten, daß sich seine Bewunderung zu einer dionysischen steigern wird, denn da sind nicht nur die schön geschwungenen Schultern: es ist das je ne sais quoi, das Rüschende, Raschelnde, der Augenaufschlag, die Seide, der Duft und jene Reize, die den Höllensturz vorausahnen lassen. Wie sagte einmal Franz Schauwecker?: „Wir stürzen so gerne!"

Und Gerard stürzte. Er rief die Götter dabei an, und es war wirklich titanisch. Ich fand, daß die jungen Leute der heutigen Generation zum Teil von ihm lernen könnten, sowohl in ihrer Müdigkeit, als auch in ihrer Hinneigung zum amerikanischen Beispiel, das in der Liebe einen berechenbaren Vorgang erblickt, eine Gleichung, die jederzeit aufgeht. Von Stürzen wollen sie durchaus nichts wissen, auch nichts von unseren Himmeln und Höllen, sie ziehen die Brücken aus Beton vor und die elektrische Alarmglocke. Nicht alle, Gott sei Dank, sind also gefeit.

Am Tisch erhebt sich die hohe, ein wenig vornübergeneigte Gestalt des Großpapa. Der vierundachtzigjährige Senior der Familie hielt seine Ansprache. Alle Köpfe waren gebeugt, alle Stimmen schwiegen, und mit Rührung vernahm jeder einzelne, was der große alte Mann zum Hochzeitsfest seiner Enkelin zu sagen wußte. Noch ging ein Strom an Kraft von ihm aus, der sich auch den jüngsten mitzuteilen schien, und mit ihm gedachten wir aller abwesenden Söhne und Enkel, aller Freunde, aller noch Gefangenen, darunter auch Brigittes Bruder Erhard, als wir die Gläser erhoben, um ihm zu danken.

In einer Gestalt wie der seinigen verdichten sich Generationen zu einem einzigen Begriff; Alter und Jugend zugleich sprechen aus den Augen, und die Hand, die er hebt und an die wuchtige Krücke des Stockes setzt: sie hat noch Gewicht. Auf eine Bewegung von ihr schweigen die Zuhörer, auf eine andere hin erheben sich Gespräch und Festesfreude.

„Ein Hoch dem Herrn Professor!"

Und ich denke für mich: So lange es noch die großen Alten gibt, ist mir nicht bang um ihre Enkel!

Da kommt jemand und holt mich zum Swing. Wie swingt man? Das ist die Frage. „Kinderleicht", sagt mein Partner, und also swingen wir. Der Gärtner Louis wartet noch immer darauf, daß „s' es no au voll ganz na lasse däd", und Gerard ist mit Feuer von Homer zum westöstlichen Diwan übergegangen.

Abend, Mitternacht, Morgengrauen: es endet das schönste der Feste.

Die Schönheit des württembergischen Landes lernen wir nun erst kennen und lieben auf den Fahrten über die Schwäbische Alb, deren Charakter mich an die norddeutsche Heide erinnert, nach dem Lichtenstein, dem Bussen, durch all die Täler und Wälder, entlang der Höhenzüge, die abseits des großen Fremdenstromes liegen und noch unberührt von ihrem raschen Wechsel sind. Die Dörfer des Oberlandes mit ihren freundlichen Gärten, den Blumen vor den Fenstern, den Linden, Buchen und rauschenden Brunnen, erinnern mich an eine ferne Zeit, an Pastörchens Rosenhecken und die Beschaulichkeit seines Lebens. Waldwege, auf denen wir nie einem Menschen begegnen, nur dem Wild, dem Warnruf der Rehe.

Hier wächst der Wein, und an den Abenden trinkt man sich zu im Gärtle des Nachbarn: „Woisch, dees isch a Säftle!"

Wir möchten garnicht wieder fort.

Im Kloster will man für uns ein „Häusle" suchen, denn eine nahe Nachbarschaft zwischen uns: wäre sie nicht schön?

Als wir abreisen, steht Dora an der Treppe, ihre Arme umfangen zahlreiche Pakete und Päckle, Körble und Thermosflaschen. „Des isch der Proviant!"

„Aber Beste! Er würde für eine Kompanie reichen, um Gottes willen!"

„Wissen Sie", ruft die Obermatriarchin, „es gibt so komische Menschen, bei denen man nie etwas zu essen bekommt, und dem will ich Sie nicht aussetzen!"

Albert pflückt eine Rose zum Abschied. (Bin ich vergeßlich, Albert?)

Und Günther und Brigitte, sie begleiten uns zum Zuge; wir versprechen baldige Wiederkehr. Umarmung, langes Winken noch, dann fahren wir wieder dem Norden zu. Mir ist, als ob ich eine zweite Heimat gefunden hätte.

Die Arche, unsere treue Arche ist wackelig. Sie stöhnt in allen Fugen, denn immer mehr Menschen suchen sie auf und die Mauerritzen nehmen bedenkliche Formen an. Krieg und Nachkrieg hat sie überstanden, doch jetzt scheint es, als müsse sie ernsthaft an Reparaturen denken. Der Herr Pastor, längst seßhaft in ihr, übernimmt alle Befugnisse. Sie wird nunmehr zum eigentlichen Pfarrhause erklärt.

Dann kommt der Tag, an dem in Württemberg das Häusle winkt, und wir rüsten abermals zum Auszug.

Zehn Jahre sind vergangen, seitdem ich mit Luise, der Braven, auf unseren Koffern saß und sie glaubte, daß wir es „niemals und nich" schaffen würden. Und vieles, vieles ist seitdem geschehen.

Nun hilft sie mir tränenden Auges beim Packen der Sachen, und auch Tante Dortje erscheint natürlich, rüstig und munter wie immer. Sie schwingt die Kisten und Besen, sie klopft und bürstet, schleppt Bücher herbei, und zwischendurch brauen wir uns der Erholung wegen einen Kaffee.

„Mäken", sagt sie zu Luise, die nach fünfzehn Jahren treuer Dienste nun zurückbleiben wird, „weine man nich! Der Herr Hauptmann is ja nun schon wäge" - er war, mein Gebieter, längst vor den drohenden Umzugserscheinungen geflohen und erwartete an sicherem Ort die erste Meldung glücklichen Einzugs - „un was use Frau Hauptmann angeht, sie vergett uns ja nu doch nich!" Und dabei zog sie ihr großes Tuch aus der Schürzentasche und begann energisch hineinzuschneuzen, und die Tränen kullerten über beide Backen.

„Nä, is jao waohr", wehrte sie mich ab, als ich gerührt über so viel Treue sie trösten wollte, „vergäten, dat daun wir ja nu ook nich!"

So nehme ich Abschied von Haus und Garten, den Buchen und Blumen, den Dörflern und Freunden. Mein Söhnchen an der Hand, die Katze auf dem Arm, schließe ich zum letzten Male die Pforte und drücke sie leise hinter mir zu.

Ein neuer Abschnitt wird beginnen.

Im Internet informieren wir über unsere Bücher

www.ulberverlag.de